普通高等教育"十一五"国家级规划教材

GAODENG ZHIYE JIAOYU
DIANZI SHANGWU ZHUANYE
GUIHUA JIAOCAI

高等职业教育电子商务专业规划教材

（第2版）

简明电子商务法律

JIANMING DIANZISHANGWU FALÜ

■主 编 陆学勤 韩晓虎

重庆大学出版社

内容提要

本书共分为8章,包括电子商务法律关系与立法现状、网络服务提供商法律制度、电子合同法律制度、电子支付法律制度、电子签名与认证法律制度、电子商务中的知识产权、消费者权益保护、互联网广告与反不正当竞争行为、税收制度,以及电子商务的法律救济等内容。

其中电子合同与电商知识产权法律制度为全书的重点。每章配有学习目标、本章小结、案例分析和复习思考题。书后附有相关的法律法规。

本书既可作高等职业教育为电子商务、市场营销,以及经管类其他专业的学生教材,也可作为企业管理人员、信息技术人员与电子商务从业人员的学习用书。

图书在版编目(CIP)数据

简明电子商务法律 / 陆学勤,韩晓虎主编.—2版.—重庆:
重庆大学出版社,2017.6(2021.12重印)
高等职业教育电子商务专业规划教材
ISBN 978-7-5689-0602-9

Ⅰ.①简… Ⅱ.①陆…②韩… Ⅲ.①电子商务—物流—高等
职业教育—教材 Ⅳ.①D913.01

中国版本图书馆 CIP 数据核字(2017)第 139070 号

高等职业教育电子商务专业规划教材
普通高等教育"十一五"国家级规划教材
简明电子商务法律
(第2版)
主 编 陆学勤 韩晓虎
策划编辑:尚东亮
责任编辑:李桂英 黄菊香 版式设计:尚东亮
责任校对:刘志刚 责任印制:张 策

*
重庆大学出版社出版发行
出版人:饶帮华
社址:重庆市沙坪坝区大学城西路 21 号
邮编:401331
电话:(023) 88617190 88617185(中小学)
传真:(023) 88617186 88617166
网址:http://www.cqup.com.cn
邮箱:fxk@ cqup.com.cn(营销中心)
全国新华书店经销
POD:重庆市圣立印刷有限公司
*
开本:787mm×1092mm 1/16 印张:11 字数:215 千
2005 年 8 月第 1 版 2017 年 8 月第 2 版 2021 年 12 月第 4 次印刷
ISBN 978-7-5689-0602-9 定价:25.00 元

第 2 版　前　言

　　电子商务在全球范围持续发展,在我国更是发展迅猛,已经成为"新常态"下中国经济发展的引擎和"互联网+"时代大众创业的平台。电子商务的模式层出不穷,网店、微店、团购……新模式背后必然产生各种新关系。这些关系的发展过程中不可避免地会产生各种矛盾与问题,这就需要相关法律法规来确立、规范这些"关系"。

　　联合国国际贸易法委员会制定的《电子商务示范法》早已形成,贸法委希望此示范法能成为各国制定本国电子商务法规的"示范文本"。电子商务立法历来受到各国政府的重视,许多国家已经制定了综合性的电子商务法律,以此促进电子商务持续发展,维护市场经济秩序。

　　我国从 2013 年 12 月,正式启动综合性电子商务法立法工作,时至今日终于形成《电子商务法(草案)》。草案通过,正式实施之前,本人受重庆大学出版社邀请修订这本"十一五"国家级规划教材,能有机会向教材编者韩晓虎老师学习,颇有收获,深感荣幸。

　　此次修订工作对原教材章节顺序作出部分调整:将原第 4 章电子合同法律制度调整至前作为第 3 章。在《电子商务法(草案)》中,第 3 章第 1 节电子合同,就是对电子合同的专门法律规定,紧跟该草案第 2 章电子商务经营主体。因此这样调整教材章节顺序不仅更能突出电子合同法律制度章节的重要性,也对应了《电子商务法(草案)》法律条文顺序。

　　在教材内容方面,主要对原教材第 6 章电子商务中的反不正当竞争法律制度以及第 7 章电子商务中消费者权益法律制度进行梳理与整合,形成第 6 章电子商务中的知识产权法律制度和第7章电子商务中其他若干问题及其法律保护。另外更新了教材配套部分案例,以期望帮助读者更好地学习电子商务法律知识。

在繁忙的日常教学之余修订这本教材对本人是莫大的考验。衷心感谢重庆大学出版社为本人提供修订、出版教材的宝贵机会。感谢尚东亮编辑对教材修订工作提供的帮助与支持。也感谢家人对本书写作给予的理解与鼓励。本人在编写教材过程中参考、引用了有关专家学者的文献,在此一并致谢。

由于电子商务发展迅速,电子商务法律研究任重道远,加之编者水平有限,欢迎专家、读者批评指正。

编　者

2017 年 5 月

目　录

第1章
导　论

【学习目标】

　　了解电子商务和电子商务法的概念和特征;理解电子商务法律关系的构成要素;掌握电子商务法调整的对象;熟悉国际和国内电子商务法的立法现状。

1.1　电子商务的理解

1.1.1　电子商务的概念

　　电子商务的概念受电子手段和商务范围的影响有很多的表述,本书将电子商务理解为:以电子传递形式或部分电子形式通过计算机网络来完成商品交易的活动。由此可见,电子商务组成要素必须包括两方面的因素:一是电子方式,二是商务活动。也就是说,电子商务必须是利用电子方式或电子信息技术来进行的商务活动。因此,对于电子商务概念应从以下几个方面理解:

　　①电子商务是商务活动的电子化和网络化;

　　②电子商务是利用电子信息技术进行商务活动的过程;

　　③电子商务内容广泛,是以信息流、物资流、货币流为核心,包括销售、支付、运输、售后服务等在内的全方位的商务活动;

　　④电子商务参与主体非常广泛,包括消费者、销售商、供货商、金融机构和政府机构等;

　　⑤电子商务是高效率、低成本的商务活动;

　　⑥电子商务是跨越国界、跨越时空的全球性商务活动。

1.1.2 电子商务的手段

联合国国际贸易法委员会《电子商务示范法》对电子商务的手段界定为:数据电文是指由电子手段、光学手段或类似手段生成、储存或传递的信息,这些手段包括但不限于电子数据交换(EDI)、电子邮件、电报、电传或传真,这便是电子商务手段广义的解释。

狭义的电子商务手段是指利用互联网开展的商务活动,即电子商务是通过整合商务运作中的信息流、资金流和物流,并以电子传递形式或部分电子形式通过计算机网络来完成的商品交易新模式。本书采用的是对电子商务手段的狭义解释。

1.1.3 电子商务的范围

《电子商务示范法》对电子商务的范围表述为:使其包括不论是契约性或非契约性的一切商务性质的关系所引起的种种事项。商务性质的关系包括但不限于下列交易:供应或交换货物或服务的任何贸易交易;分销协议;商务代表或代理;租赁;工厂建造;咨询;工程设计;许可贸易;投资;融资;银行业务;保险;开发协议或特许;合营或其他形式的工业或商务合作;空中、海上、铁路或公路的客、货运输。也就是说,电子商务的范围几乎涵盖了所有经营性活动和非经营性活动、契约性活动和非契约性活动,包括所有生产、销售、服务和从事这些活动所涉及的活动。广义的电子商务还包括企业内部管理活动或业务流程。

尽管《电子商务示范法》对电子商务的范围界定得非常广泛,但是电子商务法的核心仍然是交易活动,以权利义务为核心内容的电子商务法也将重心放在交易或契约活动领域。

1.2 电子商务法

1.2.1 电子商务法的概念

电子商务法是指调整电子商务活动或行为的法律规范的总和。由于对电子商务有着不同的理解,使得人们对电子商务法调整范围的把握存在差异。目前的普遍看法是电子商务法不是试图面对所有的商业领域重新建立一套新的商业运作规则,而是将重点放在探讨因交易手段和交易方式的改变而产生的特殊商事法律问题。

电子商务法是一个综合性法律体系,涉及民法、商法、经济法等许多领域,总体上讲,电子商务法属于商事法范畴。从组织法与行为法划分来看,电子商务法在性质上应属于行为法或者是交易行为法的范畴,它同原有的商事法律相配合,来调整具体的电子商务法律关系。电子商务法通过保障网络交易安全,为电子商务的健康、快速发展创造一个良好的法律环境,以此促进网络商务交易活动的进行。

电子商务法的特征包括:

1）国际性

电子商务法的国际属性是其最重要的特征之一,这主要基于网络法与电子商务法的全球特征和全球标准,互联网技术的全球性、标准的全球性、域名的全球性和接口的统一性,必然决定和要求电子商务的全球化、国际化。同时,全球经济一体化的要求,亦使网络与电子商务存在和发展的基础基本上处在同一平台上或环境下,世界各国经济相互依存、紧密联系,迫切需要建立适应网络和电子商务发展的统一规则。

2）规则的统一性

电子商务法的另一个重要的法律特征则是统一规则,即在全球范围内统一网络规则和电子商务规则。规则的统一性是电子商务国际性的必然结果。从目前来看,联合国国际贸易法委员会颁布的《电子商务示范法》为统一规则的形成提供了必要的基础。

《电子商务示范法》支持在电子商务中的国际合同,确定和认可通过电子手段形成的合同规则和交易范式,规定了约束电子合同履行的标准,界定了构成有效电子书写文件和原始文件的条件,提出了为法律和商业目的而做出的电子签名的可接受程度,同时支持在法庭上和仲裁过程中可使用电子证据。

3）技术性

电子商务之所以能有快速度和大规模的发展,关键是基于技术和技术创新。如果没有科学技术为基础,以科技创新为先导,网络与电子商务的发展是不可能有今天这种水准和态势的。也只有依靠科学技术和技术创新,电子商务才可能进入更高的阶段。审视及评价世界各国的电子商务立法,不难看出,技术因素和技术含量在网络法和电子商务法中的重要性。应当说,电子商务法实质上是技术规范与法律规范融合的产物,离开了技术规范、技术创新,也就不存在网络法和电子商务法,更不存在网络法律体系和电子商务法律体系。

4）复杂性

由于电子商务的高科技化和互联网络技术的专业性、复杂性,造成了电子商务交易关系的复杂性,也由此决定了电子商务法律关系的复杂性。这是因为在电子商务交易中,当事人之间的交易必须在第三方协助下才能完成,即在网络服务商和认证机构等提供的服务下完成。这就使电子商务的交易活动与传统交易相比,包含了多重的法律关系,使电子商务法的法律关系复杂化。

1.2.2 电子商务法的调整对象

电子商务法的调整对象应该是电子商务交易活动中发生的各种社会关系。这类社会关系是在广泛采用新型信息技术并将这些技术应用到商业领域后形成的特殊的社会关系。它交叉存在于虚拟社会和实体社会之间。根据具体电子商务活动产生的不同关系,由此需要电子商务法律予以调整,将本书内容归纳为以下几部分:

1)网络服务提供商法律问题

电子商务网站是电子商务运营的基础。在电子商务环境下,交易双方的身份信息、产品信息、意思表示(合同内容)、资金信息等均需要通过网站发布、传递和储存。规范电子商务网站建设是电子商务法的首要任务。在通过中介服务商提供的平台进行交易的情况下,电子商务法必须确定中介服务商的法律地位和法律责任。同时电子商务法也需要确定在电子商务平台上设立电子商务网站、设立虚拟企业进行交易的主体之间的法律关系,确定电子商务网站与进入网站购物的消费者之间的法律关系。电子商务法还需要明确因为电子商务网站运作不当,如传输信息不真实、无效等引起交易损失时,网站应当承担的责任和相对人获得法律救济的途径和方法。

在现行法律体制下,任何长期固定从事营利性事业的主体都必须进行工商登记。在电子商务环境下,任何人不经登记就可以借助计算机网络发出或接收网络信息,并通过一定程序与其他人达成交易。虚拟主体的存在使电子商务交易安全性受到严重威胁。电子商务法应该明确网上交易主体,确定哪些主体可以进入虚拟市场从事在线业务。

2)电子合同法律问题

电子商务的突出特点是信息数字化(或电子化)和网络化,一方面表现为企业内部信息和文档的电子化,另一方面表现为对外交易联络、记录的电子化,尤其是电子合同的应用,带来了许多法律问题。就前者而言,数据电文的应用带来了管理信息、财务记录、交易记录等完全电子化、网络化,如何保证这些信息安全并具有证据效力就是必须解决的问题;对于后者而言,因所有当事人的意思表示主要以电子化的形式存储在计算机硬盘或其他电子介质中,这些记录方式不仅容易被涂擦、删改、复制、遗失,而且不能脱离其记录工具(计算机)而作为证据独立存在。电子商务法需要解决由于内部记录、电子合同而引起的诸多问题,突出表现为有效电子记录规则、签字有效性、电子合同订立和履行等方面的问题。

3）电子支付的法律问题

在电子商务简易形式下，支付往往采用汇款或交货付款方式，而典型的电子商务则是在网上完成支付的。网上支付通过信用卡制和虚拟银行的电子资金划拨来完成。而实现这一过程涉及网络银行与网络交易客户之间的协议、网络银行与网站之间的合作协议以及安全保障问题。因此，需要制定相应的法律，明确电子支付的当事人（包括付款人、收款人和银行）之间的法律关系，制定相关的电子支付制度，认可电子签字的合法性。同时还应出台对于电子支付数据的伪造、变造、更改、涂销问题的处理办法。

我国现有的网络交易立法存在大片空白，没有调整电子支付关系的专项法律，电子支付立法存在突出的滞后性问题。由于缺少法律的规范，更加限制了电子支付的发展。除去技术方面及社会配套设施建设等不提，单从法律方面来看，有关电子支付的问题主要存在于两方面：一是电子支付效力的认定，另一个是对电子支付违法活动的防止与惩治。

4）电子签名与认证问题

电子商务环境下，任何交易的前提需要交易双方相互信任。电子签名与认证法律制度正是为确保这一目的而设立的。没有电子签名无法使交易的单证生效；没有电子认证体系，开放、虚拟的电子商务将失去生存环境。电子签名的可靠性不仅依靠密码技术予以保证，也需要相应的法律制度对签名人、依赖方的权利义务予以明确，并赋予电子签名法律效力。电子认证可以通过电子技术检验用户合法性，与电子签名在功能和应用范围上有一些区别。认证机构可以对电子商务活动中的用户提供信用服务，完善认证机构的管理制度才能为电子商务活动提供更好的信用服务。

5）电子商务中的知识产权问题

展开电子商务的国家、企业和个人在涉及知识产权方面均需要采取法律承认和保护的交易方式，以便更有效地维护自己的智力成果。新形态的知识产权客体在互联网环境下得到扩展，知识产权侵权的类型也呈现出复杂、多变的态势。这种态势下对网络作品、商标以及域名的保护不仅关系到无形财产的保护，也关系到商务法律的构建。因此，简要阐述电子商务中的知识产权问题显得十分必要。

6）电子商务中的其他法律问题

互联网为企业带来了新的经营环境和经营方式，在这个特殊的经营环境中，同样会产生许多不正当的竞争行为。这些不正当竞争行为有的与传统经济模式下的不正当竞争行为相似，有些则是网络环境产生的特殊不正当竞争行为。这些不正当竞争行为不仅可能侵犯线上消费者的合法权益，还会破坏良好的互联网经济秩序。伴随着互联网经济的日益繁盛，网上消费维权争议与网络虚假广告的投诉纠纷的数量节节攀升，印证了电子商务中反不正当竞争的重要性,这便是在线不正当竞争行为的规制问题。

另外,电子商务税收法律关系是电子商务法研究的一个重要组成部分。作为一种商业活动,电子商务是应当纳税的,但从促进电子商务发展的角度看,在一定时期内实行免税也是很有必要的。从实际运作情况看,由于网络交易是全球范围内的交易,因此征税管理十分困难。每天通过因特网所传递的资料数据相当庞大,其中某些信息就是商品,如果要监管所有的交易,必须对所有的信息都进行过滤,这在事实上是不可能的。探索网络征税的有效方法是税法的一个重要任务。从另一方面看,如果按照现有的税法进行征税,必然要涉及税务票据问题,但电子发票的实际运用技术尚不成熟,其法律效力也有较大的争议,这方面的问题也需要深入研究。

7)在线交易法律适用和管辖冲突问题

电子商务的本质是商务。虽然在线交易是在网络这个特殊的"虚拟环境"中完成的,但实体社会的商法框架和体系对电子商务仍然有效,电子商务法只是解决在线交易中的特殊法律问题。这里面就存在一个现有法律、法规的适用问题。由于互联网超地域性,法院管辖范围需要进一步明确。由于电子商务的技术特点,诉讼中的举证责任、证据规则也需要作相应调整。因此,对于网络环境引起的法律适用和法院管辖等问题的研究也就成为电子商务法的重要组成部分。

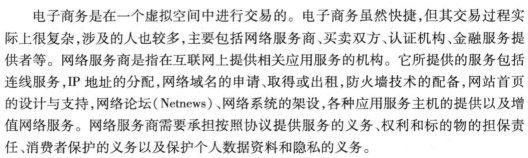

1.3 电子商务法律关系

电子商务是在一个虚拟空间中进行交易的。电子商务虽然快捷,但其交易过程实际上很复杂,涉及的人也较多,主要包括网络服务商、买卖双方、认证机构、金融服务提供者等。网络服务商是指在互联网上提供相关应用服务的机构。它所提供的服务包括连线服务,IP地址的分配,网络域名的申请、取得或出租,防火墙技术的配备,网站首页的设计与支持,网络论坛(Netnews)、网络系统的架设,各种应用服务主机的提供以及增值网络服务。网络服务商需要承担按照协议提供服务的义务、权利和标的物的担保责任、消费者保护的义务以及保护个人数据资料和隐私的义务。

买卖双方是指电子商务中商品或服务的提供者、知识产权授权者,及其相对人。买卖双方可以是商业机构、政府机构等法人,也可以是自然人。买卖双方在进行电子商务前,一般要向网络服务商申请有关连线、域名、电子邮箱等服务,成为网络用户,这是在网络上开展电子商务活动的前提条件。买卖双方间的法律关系实质上表现为双方当事人的权利和义务。买卖双方的权利和义务是对等的,卖方的义务就是买方的权利,反之亦然。在电子商务条件下,卖方应当承担 4 项义务:按照合同的规定提供服务或提交标的物及单据,对标的物的权利承担担保义务,对标的物的质量承担担保义务以及对消费者个人资料承担保密义务。买方应当承担 3 项义务:按照电子商务交易规定方式支付价款的义务,按照合同规定的时间、地点和方式接受标的物的义务和对标的物验收的义务。

在电子商务中,银行也变为虚拟银行。电子商务交易客户与相关虚拟银行关系变得十分密切,大多数交易要通过虚拟银行的电子资金划拨来完成。虚拟银行同时扮演发送银行和接收银行的角色。虚拟银行提供的服务包括发行并流通电子货币、根据用户要求进行电子结算。对于结算中划拨失误或迟延的现象,如系过失,自然适用过错归责原则,由虚拟银行承担责任;如系欺诈所致,且虚拟银行安全程序在电子商务中是合理可靠的,则名义发送人需对支付命令承担责任。

认证机构(CA)扮演着一个监督、管理买卖双方签约、履行的角色,买卖双方有义务接受认证中心的监督、管理。在整个电子商务交易过程中,包括在电子支付过程中,认证机构都起着不可替代的地位和作用。在电子商务交易撮合过程中,认证机构是提供身份验证的第三方机构,它不仅要对进行电子商务交易的买卖双方负责,还要对整个电子商务交易秩序负责。认证机构提供的服务包括创制、发放管理密钥,制作、发放、管理认证证书,以及目录服务、终端实体启动服务、个人符记管理服务、用户端界面服务与时戳服务等。认证机构的义务包括保证认证证书的真实有效性、维护在线数据库、对用户资料保密等。

在电子商务交易过程中,买卖双方之间,买卖双方与银行之间,买卖双方、银行与认证机构之间都彼此发生法律关系。买卖双方利用电子形式发出要约和承诺,经过电子磋商,双方订立电子合同,认证机构对其中涉及的电子签名的真实有效性进行认证。合同成立后,卖方根据合同规定交付标的物,买方则通过虚拟银行支付价款,卖方通过虚拟银行收取价款,认证机构对电子支付中有关信息和数据进行认证。借助计算机和信息网络技术,整个交易过程迅速而快捷。

1.4　电子商务立法现状

1.4.1　国际电子商务立法

1996 年 6 月,联合国国际贸易法委员会(United Nations Commission on International Trade Law, UNCITRAL)通过了《电子商务示范法》。它是经过众多的国际法律专家多

次集体讨论后制定的,意在向各国政府的执行部门和议会提供电子商务立法的原则和框架,尤其是对以数据电文为基础的电子合同订立和效力等作出了开创性规范,成为各国制定本国电子商务法规的"示范文本"。

为了贯彻实施示范法确立的原则,1999 年 9 月 17 日,联合国国际贸易法委员会电子商务工作组颁布了《电子签字统一规则(草案)》,旨在解决阻碍电子交易形式推广应用的基础性问题——电子签字及其安全性、可靠性、真实性问题。之后,联合国国际贸易法委员会电子商务工作组广泛吸取了一些国家已经生效的或正在起草的立法文件的经验,于 2001 年 3 月 23 日正式公布了《电子签字示范法》。

国际商会已于 1997 年 11 月 6 日通过了 General Usage for International Digitally Ensured Commerce(英文缩写 GUIDEC,中文翻译《国际数字保证商务通则》)。该通则试图平衡不同法律体系的原则,为电子商务提供指导性政策,并统一有关术语。

经合组织(Organization for Economic Co-operation and Development,OECD)发布的有关电子商务的指导性文件有《隐私保护和个人资料跨界流通的指南》(1980 年);《信息系统安全指南》(1992 年);《加密政策指南》(1997 年);《经合组织关于电子商务中消费者保护指南的建议》(1999 年);《经合组织保护消费者防止跨境欺诈和欺骗性商业活动指南》(2003 年)等。

1995 年 10 月,欧盟颁布《个人数据处理和自由流动有关的个人保护指令》(简称《个人数据保护指令》),确立了因个人信息被他人收集而产生的基本权利;1997 年,提出《关于电子商务的欧洲建议》;1997 年 5 月 20 日,颁布了《远距离合同消费者保护指令》;1999 年,颁布《欧盟电子签字法律框架指南》,以促进电子签字的使用并有助于其法律上被认可。

世界贸易组织(WTO)于 1997 年达成 3 个协议,为电子商务和信息技术的稳步有序发展奠定了基础。这 3 个协议是:《全球基础电信协议》《信息技术协议》《开放全球金融服务市场协议》。另外,WTO 对贸易领域的电子商务已提出了工作计划,拟议中的立法范围主要包括:①跨境交易的税收和关税问题;②电子支付问题;③网上交易规范问题;④知识产权保护问题;⑤个人隐私;⑥安全保密;⑦电信基础设施问题;⑧技术标准问题;⑨普遍服务问题;⑩劳动力问题;⑪政府引导作用问题。

美国是电子商务的主导国家。1994 年 1 月,美国宣布国家信息基础设施计划;1997 年 7 月 1 日,颁布《全球电子商务纲要》,正式形成美国政府系统化的电子商务发展政策和立法规划。

随着网络经济的迅猛发展,电子商务立法引起了各国政府的重视,许多国家和地区开始制定综合性的法律以促进和规范电子商务的发展。如:新加坡《电子商务法》(1998 年);美国伊利诺伊州《电子商务安全法》(1998 年);美国《统一电子商务法》

（1999 年）；加拿大《统一电子商务法》（1999 年）；韩国《电子商务基本法》（1999 年）；澳大利亚《电子交易法》（1999 年）；中国香港特别行政区《电子交易法令》（1999 年）；法国《信息技术法》（2000 年）等。

1.4.2 我国电子商务立法现状

我国政府于 2005 年出台《国务院办公厅关于加快电子商务发展的若干意见》明确了我国电子商务法律建设的具体内容。在该政策文件的指引下，我国的电子商务法制建设取得了长足进步。《电子认证服务管理办法》《电子支付指引（第一号）》《信息网络传播权保护条例》《电子银行业务管理办法》《互联网电子邮件服务管理办法》等先后出台并实施，分别从电子认证服务、网上支付、知识产权、网络交易与安全等方面作出明确规定。

2011 年 4 月商务部出台了《第三方电子商务交易平台服务规范》，2011 年 12 月工业和信息化部第 22 次部务会议审议通过了《规范互联网信息服务市场秩序若干规定》，2012 年商务部又先后出台了《商务部关于"十二五"电子商务信用体系建设的指导意见》以及《商务部关于开展国家电子商务示范基地创建工作的指导意见》等规定。我国电子商务及信息化法律环境中的不足和空白得到了一定程度的弥补，电子商务交易行为有所规范，企业与个人的权益得到了进一步保护。

1）计算机和网络管制法律制度

20 世纪 80 年代，我国开始草拟制定有关计算机方面的法规，主要涉及计算机和网络安全方面。如 1994 年 2 月 18 日，国务院发布的《中华人民共和国计算机信息系统安全保护条例》；九届全国人大常委会会议表决通过的《全国人民代表大会常务委员会关于维护互联网安全的决定》（已修改）；1996 年 2 月 1 日，国务院发布的《中华人民共和国计算机信息网络国际联网管理暂行规定》（已修改）开始涉及互联网的管理。1997 年 6 月 3 日，国务院信息化工作领导小组主持设立了中国互联网络信息中心（CNNIC），并发布了《中国互联网络域名管理办法》（已修改）和《中国互联网络信息中心域名注册实施细则》（已修改）。1997 年 12 月 8 日，国务院信息化工作领导小组根据《中华人民共和国计算机信息网络国际联网管理暂行规定》，制定了《中华人民共和国计算机信息网络国际联网管理暂行规定实施办法》，详细规定国际互联网管理的具体办法。2000 年，国务院发布了《互联网信息内容服务管理办法》（已修改），主要规范互联网内容服务。之后，国务院新闻办公室、原信息产业部制定了《互联网站从事登载新闻业务管理暂行规定》，原信息产业部颁布了《互联网电子公告服务管理规定》（已失效）。

2）电子合同法律制度

1999 年 3 月，我国颁布了《中华人民共和国合同法》（以下简称《合同法》）。《合同法》在合同形式方面大胆地吸收了数据电文形式,并将之视为书面合同,可以说是世界上第一部采纳电子合同形式的合同法。这为电子合同的推广应用以及为今后的电子商务立法奠定了基础。《合同法》第十一条明确了数据电文为书面合同形式:"书面形式是指合同书、信件以及数据电文(包括电报、电传、传真、电子数据交换和电子邮件)等可以有形地表现所载内容的形式。"第十六条和第三十四条还分别规定了采用数据电文形式订立合同的成立时间和地点。这些规定的出发点是希望电子合同在既有的合同法框架下能够推行和运作。但是,这些简单的规范还不能使电子合同具有可操作性和安全性,或者不能解决互联网交易的缔结、履行、争议解决等问题。

另外,2000 年修改的《中国人民共和国海关法》(该法已于 2013 年通过第二次修正)则确定了电子数据报关单的法律地位,承认其具有与纸质报关单相同的法律效力。

3)电子支付与结算法律制度

与传统支付形式比较,电子支付是全新的金融活动方式,有关传统支付与结算的法律法规很难调整电子支付中的法律关系。随着移动互联网的普及,电子支付进入快捷时代,已经成为人们重要的支付渠道。网络的开放性以及交互性在为网上支付带来便利的同时,资金流动的频繁与迅速也加大了网上支付的风险,导致了洗钱等不法活动的频繁出现。而对于客户使用网上支付方式所造成的法律纠纷以及出现纠纷后涉及的责任认定、如何处理等问题,还没有相关的法律法规进行约束以及裁决。央行需要及时调整现行政策法规以规范快速革新的电子支付活动。

4)电子签名与认证法律制度

第十届全国人大常委会分别于 2004 年 4 月 2 日、6 月 21 日,对该法草案进行了两次审议。在认真征求常务委员会委员意见的同时,还听取了法学专家的建议。最终,《签名示范法》改名为《中华人民共和国电子签名法》(以下简称《电子签名法》),并于2004 年 8 月 28 日正式通过,予以公布,并于 2015 年 4 月 24 日第十二届全国人大常委会第十四次会议修订(参见附录Ⅱ)。我国《电子签名法》共分五章:第一章为总则、第二章为数据电文、第三章为电子签名与认证、第四章为法律责任、第五章为附则。

第一章 "总则"中规定了立法依据、适用范围、数据电文的效力等基本问题。肯定了数据电文和电子签名的一般效力,明确规定其适用范围,是本章的宗旨所在。

第二章 "数据电文"直接对电子通信——这种现代行为手段作出了基本规定,为电子签名作了前提性铺垫。在制定《电子签名法》之前,我国尚不存在系统规定数据电文效力的法规,而电子签名又是数据电文的具体形式,所以该法在规范电子签名之时,必须先确定数据电文的基本规则。这也是该法在第二章专门规定数据电文的主要原因。由于我国在实施《电子签名法》的同时还承担着贯彻联合国国际贸易法委员会《电子商务示范法》和《电子签字示范法》的任务,在电子签名之前专门规定数据电文一章,其必要性也就显而易见了。与联合国国际贸易法委员会《电子商务示范法》相似,该章主要运用"功能等同原则",明确了数据电文的书面、存留、收发等效力与规则。

第三章 "电子签名与认证"是该法的核心,它规定了安全电子签名与手书签名具有同等的效力。为了实现该立法目标,还规定了安全电子签名的条件及其保障组织——认证机构的设立与运营规范。

第四章 "法律责任"分别给电子签名的使用者和电子认证服务机构规定了相应的民事与行政责任,其目的是为电子业务(包括商务和政务)提供良好的制度化条件,实际上也有利于营造社会信用环境。

此外,由于该法涉及许多新的技术术语,第五章为附则,对之做了专门解释。

出台《电子签名法》对规范网上交易行为,维护当事人权益,促进电子商务发展具有重大意义。它的实施标志着我国电子商务立法进入了新的阶段。

5)知识产权法律制度

我国电子商务发展迅速,网络世界颠覆了传统的知识产权观念。与电子商务相关的知识产权法律尚处于构建的初始阶段。电子商务中具有独创性的内容,属于著作权保护范围,可通过《中华人民共和国著作权法》及其实施条例予以保护。电子商务中的商标侵权问题比较突出,2013 年 8 月 30 日第十二届全国人民代表大会常务委员会第四次会议作出《关于修改〈中华人民共和国商标法〉的决定》,这也是《中华人民共和国商标法》进行的第三次修正。域名抢注问题是电子商务中的另一个热点问题,域名注册与管理已由《中国互联网络域名管理办法》《中国互联网络信息中心域名争议解决办法》《中国互联网络域名注册实施细则》等进行规范。

6)特殊行业监管

随着互联网的推广和应用,不少行业主管部门陆续制定了一些规章,对特殊行业的网络经营行为加以规范。例如,证监会在 2000 年 3 月 30 日颁布了《网上证券委托暂行管理办法》;2001 年 6 月 29 日,中国人民银行发布了《网上银行业务管理暂行办法》;2004 年 7 月 8 日国家食品药品监督管理局局务会议审议通过并发布了《互联网药品信息服务管理办法》等。

另外,如何对在线经营行为进行工商行政管理,也是一项世界性课题。在这方面,北京市工商管理局和上海市工商管理局作了一些探索,发布了一些地方规章。例如,2000 年 4 月,北京市工商行政管理局发布了《北京市工商行政管理局网上经营行为备案的通告》,对网上经营行为进行网上登记备案管理;上海市工商管理局于 2000 年颁布了《上海市营业执照副本(网络版)管理试行办法》,将申领营业执照副本网络版(营业执照的电子数字证书)作为确认企业和个体工商户在互联网上的经营主体资格的真实性的手段。

本章小结

电子商务法是指调整电子商务活动或行为的法律规范总和。

电子商务法的调整对象包括调整电子商务形式和内容两个方面行为的规范总和。电子商务法具体内容包括：网络服务提供商法律制度；电子合同法律制度；电子支付法律制度；电子签名与认证法律制度；网上无形财产（知识产权）保护法律制度；在线消费者权益保护制度；在线反不正当竞争法律制度；电子商务税收法律制度；在线交易法律适用和管辖制度。电子商务法律关系的主体主要包括网络服务商、买卖双方、认证机构、金融服务提供者等。

我国政府历来重视电子商务的立法工作，立法主要集中在计算机和网络管制方面。有关电子商务市场准入、电子交易中涉及电子发票、税单的效力缺乏法律的明确规定，电子支付结算、认证体系的法律制度不够完善。由于电子商务法律的国际性、规则统一性、技术性、复杂性特征，目前形成我国电子商务立法的综合思路比较困难，因此我国电子商务立法工作相对滞后。

【案例分析】

2015年360互联网安全中心发布《2015年青少年上网安全分析报告》中指出：中国16岁以下青少年网民1亿~1.2亿，占全国网民总数的16%~20%。手机是中国网民上网的主要设备：中国使用手机上网的网民数量达到了85.8%，高于使用台式电脑、笔记本电脑等其他设备的上网比例。而这一特点在青少年当中可能更为突出。在智能手机高度普及的今天，家长通过强制方式阻止孩子上网的手段可能已经不再奏效。

青少年可以通过手机、iPad等移动设备更容易地体验网络购物乐趣，与此同时也可能作出一些错误行为。一名8岁的男孩在玩耍手机游戏的过程中，以其父亲的账号购买了价值不菲的精良装备。当家长发现时网上支付已经完成，虽然几经波折联系上游戏运营商，要求游戏运营商退款，但游戏运营商不同意退款，双方因此发生纠纷。

有人认为，网络与电子商务是一种新的媒介、新的载体，但不是新的社会关系。电子商务合同订立在虚拟的世界，但却是在现实社会中得以履行，因而它不是新的法律关系，应该也能够受现行法律调控。而我国现行的民法通则规定，不满10周岁的未成年人是无民事行为能力人，不能独立进行民事活动。因此，这个案件中家长有权拒绝购买。

另一种观点认为，不少人把电子商务的过程当作一件有趣、好玩的事情，根本没想到也不可能踏踏实实地履行合同，这就容易出麻烦。如果没有限制规则，电子商务就没有信用、无法履行。那么怎样进行限制呢？一些学者提出，在电子商务合同要约中明确规定对方当事人的年龄，或在合同履行中不与无相应民事行为能力的人进行交易等。对家长或其他监护人来说，首先应该告知家中的儿童或心智不成熟的其他非完全行为能力的民事主体，网络购物应该由家长陪同进行，只能签订特定的小额、简单的电子商务合同。

在这一案例中，因为8岁男孩是以其父亲游戏账号进行购物的，账号并没有实名绑定，没有保存购物人的年龄等信息，网站也没有审查购物者身份。网站没有尽到自己的注意义务，对合同的无效应当承担责任。8岁男孩的父亲由于未妥善保管自己的手机和游戏账号，监护未成年人确有疏忽，致使发生了这次交易行为，也应当承担相应的责任。

请结合该案例，阐述电子商务法规范交易行为的意义。

【复习思考题】

1.《电子商务示范法》对电子商务的范围是如何表述的？

2.如何理解电子商务法的特征？

3.简述电子商务法的调整对象。

4.简述电子商务主体之间的法律关系。

5.试对我国目前电子商务立法现状进行评价。

第2章
网络服务提供商法律制度

【学习目标】

了解我国网络管理和经营机构的职能；了解接入互联网和域名注册的基本规定；熟悉我国网站管制的主要内容；掌握网络服务提供商的分类、权利义务和相应的法律责任。

2.1 网站的法律规制

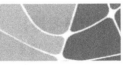

网站是网络中的一个站点，其主要功能是提供信息处理、传输、存储服务。我国现行法律对网站设立的规范主要涉及管理机构、接入互联网、域名和管制等方面。

2.1.1 我国网络管理和经营机构

1）国家的宏观管理

2008年3月根据国务院机构改革方案组建的工业和信息化部（以下简称工信部），其职责包括但不限于：统筹推进国家信息化工作，规划公用通信网、互联网、专用通信网，依法监督管理电信与信息服务市场；负责通信资源的分配及国际协调，承担通信网络安全及相关信息安全管理的责任；负责协调维护国家信息安全和国家信息安全保障体系建设，协调处理网络与信息安全的重大事件。1997年6月，中国互联网络信息中心（CNNIC）经国家主管部门批准成立，CNNIC的主要任务：为我国境内的互联网用户提供域名注册、IP地址分配、自治系统号分配等服务；提供技术资料，使用网络的政策、法规，用户入网的办法，用户培训资料等信息服务；提供网络通信目录、网上各种信息库的目录等；对我国互联网络的发展、方针、政策及管理提出具体建议。

2）连接国际互联网络的各级管理与主要经营机构

目前，我国计算机信息网络的管理体系仍然不够健全。从国际联网的角度讲，根据

《中华人民共和国计算机信息网络国际联网管理暂行规定》(以下简称《国际联网管理暂行规定》),国家对国际联网实行分级管理的原则,原国务院信息化工作领导小组负责协调、解决有关国际联网工作中的重大问题;明确国际出入口信道提供单位、互联单位、接入单位和用户的权利、义务及责任,并负责对国际联网工作的检查监督等具体工作由工信部承担。

我国网络管理与经营机构可以分为以下几个层次:

(1)物理信道的管理机构

物理信道是指构成计算机信息网络的计算机、通信设备、网络终端以及连接这些设备的电缆和光缆,也包括卫星信道。我国的国家公用电信网的物理信道,以及它为全国所有的物理信道提供的国际出入口信道都由工信部内设机构直接管理。其他一些政府部门或行业建立的专用物理信道由该部门或行业自行管理。

(2)互联网络的管理机构

互联网络是指直接进行国际联网的计算机信息网络。它可能有自己的专用物理信道,但多数是使用国家公用电信网物理信道的业务网。其管理机构称互联单位,是指负责互联网络运行的单位。我国现有的中国公用计算机互联网(ChinaNET)和其余的几个互联网络(ChinaGBN China Golden Bridge Network, CERNET China Education and Research Network, CSTNET China Science and Technology Network)分别由国家相应网信部门负责协调与管理,并根据需要分级建立下属通信有限责任公司,承担互联网络的建设、运营。

(3)接入网络的管理机构

接入网络是指通过接入互联网络进行国际联网的计算机信息网络,如企业网、校园网和一些商业性服务网络。接入单位是指负责接入网络运行的单位,它们必须具备下列条件:第一,是依法设立的企业法人或者事业法人;第二,具有相应的计算机信息网络、装备以及相应的技术人员和管理人员;第三,具有健全的安全保密管理制度和技术保护措施;第四,符合法律和国务院规定的其他条件。

(4)从事国际联网经营活动的机构

从事国际联网经营活动的机构,指利用国际互联网络资源,经营网络服务的机构。它们一般是接入单位,但要向有权受理从事国际联网经营活动申请的互联单位主管部门或者主管单位申报,并领取国际联网经营许可证。此外,我国各行业部门的信息中心大多建立了存储本行业信息资源的数据库,有一些已经与国际互联网连接,并向广大用户提供服务。

2.1.2　接入互联网

设立网站首先必须接入互联网。我国关于互联网接入的现行法规主要有国务院1997年修订的《国际联网管理暂行规定》以及当时的邮电部根据该规定制定的《中国公用计算机互联网国际联网管理办法》等。根据这些法规和规章，计算机信息网络直接进入国际联网，必须使用国家公用电信网提供的国际出入口信道，任何单位和个人不得自行建立或者使用其他信道进行国际联网。

接入网络必须通过互联网络进行国际联网，从事国际联网经营活动和从事非经营活动的接入单位都必须具备下列条件：

①依法设立的企业、法人或者事业法人；
②具备相应的计算机信息网络、装备以及相应的技术人员和管理人员；
③具有健全的安全保密管理制度和技术保护措施；
④符合国家法律和国务院规定的其他条件。

2.1.3　网站的法律管制

我国对提供互联网信息服务实行管制制度，2011年国务院施行的《互联网信息服务管理办法》（以下简称《办法》）根据网站服务行为将其划分为经营性网站和非经营性网站两类，分别进行管制。我国对网络信息服务行为的管制大致分以下4种情形：经营性行为许可制度；非经营性行为备案制度；特殊行业服务特许制度；特殊信息服务专项备案制度。

1）许可与备案制度

《办法》第四条明确规定："国家对经营性互联网信息服务实行许可制度；对非经营性互联网信息服务实行备案制度。未取得许可或未履行备案手续的，不得从事互联网信息服务。"这就是说，从事非经营性的网络服务的网站只需要到主管部门进行备案，即可以开站运营。根据第八条的规定：从事非经营性互联网信息服务，应当向省、自治区、直辖市电信管理机构或者国务院信息产业主管部门办理备案手续。

经营性互联网站设立的条件包括：经营者为依法设立的公司；有与开展经营活动相适应的资金和专业人员；有为用户提供长期服务的信誉或者能力；有业务发展计划及相关技术方案；有健全的网络与信息安全保障措施，包括网站安全保障措施、信息安全保密管理制度、用户信息安全管理制度；服务项目属于《办法》第五条所规定的范围且有已取得有关主管部门同意的文件；法律、法规规定的其他条件。

根据《办法》第七条的规定，包含经营性信息服务内容的网站必须办理增值电信业务经营许可证和办理工商登记两项手续。

2）特种行业信息服务审批制度

《办法》第五条规定："从事新闻、出版、医疗保健、药品和医疗器械等互联网信息服务，依照法律、行政法规以及国家有关规定，须经有关主管部门审核同意的，在申请经营许可或者履行备案手续前，应当依法经有关主管部门审核同意。"

3）从事特殊信息服务专项备案制度

《办法》第九条规定："从事互联网信息服务，拟开办电子公告服务的，应当在申请经营性互联网信息服务许可或者办理非经营性互联网信息服务备案时，按照国家有关规定提出专项申请或者专项备案。"

2.2　网络服务提供商的法律义务

2.2.1　网络服务提供商的分类

从网站经营者在信息传输中的作用或者网站经营者对信息内容的控制角度来看，网络服务商大致可以分为网络内容服务提供商和网络中介服务提供商两类。前者直接向消费者（接受者）发布信息，后者为信息发布提供中介服务。

1）网络内容服务提供商

在一定程度上讲，任何人都能成为网络内容提供者，只要提供信息向网络发布就属于网络内容提供者。通常，网络内容服务商专指提供内容服务的网络服务公司。所谓内容服务，即向网络上传、发布、传递有价值信息，供人阅读、浏览、下载等。在提供内容服务的情形下，网站经营者在信息传播中充当了发布者的角色。

2）网络中介服务提供商

网络中介服务提供商指为网络提供信息传输中介服务的主体，它又可以分为接入服务提供商和主机服务提供商。

（1）接入服务提供商

接入服务提供商，指为信息传播提供光缆、路由器、交换机等基础设施，或为上网提供接入服务，或为用户提供电子邮件服务的主体。接入服务提供商对网上信息所起的作用仅仅相当于一个传输管道，无论是信息提供者发送信息，还是信息获取者访问信息,均通过接入服务提供商提供的设施或计算机系统,经过自动的技术处理过程实现信息内容的传输。在技术上,接入服务提供商无法编辑信息,也不能对特定信息进行控制。

(2)主机服务提供商

主机服务提供商指为用户提供服务器空间,为用户提供阅读他人上载的信息或自己发送信息,甚至进行实时信息交流,或使用超文本链接等方式的搜索引擎,为用户提供在网络上搜索信息的主体。虽然,主机服务提供商一般是按照用户的选择传输或接受信息,本身并不组织所传播的信息,但其对网上的信息所担当的角色已不仅限于"传输管道"。在技术上,主机服务提供商可以对信息进行编辑控制。

2.2.2 网络内容服务提供商的义务

从一般意义上讲,网络内容服务提供商应对网络信息内容负有合法性义务。《办法》规定了网站基本义务大致可分为服务行为合法义务和保证信息内容合法义务两方面。

《办法》第十一条规定:"互联网信息服务提供者应当按照经许可或者备案的项目提供服务,不应超出经许可或者备案的项目提供服务。"《办法》第十二条明确规定:"互联网信息服务提供者应当在其网站主页的显著位置标明其经营许可证编号或者备案编号。"另外,《办法》第十四条规定:"从事新闻、出版以及电子公告等服务项目的互联网信息服务提供者,应当记录提供的信息内容及其发布时间、互联网地址或者域名;互联网接入服务提供者应当记录上网用户的上网时间、用户账号、互联网地址或者域名、主叫电话号码等信息。"《办法》第十三条规定:"互联网信息服务提供者应当向上网用户提供良好的服务,并保证所提供的信息内容的合法。"按照《办法》第十五条的规定,网站应保证提供信息内容的合法性义务,要求服务提供者提供的信息不包含下述信息:

①反对宪法所确定的基本原则的信息;

②危害国家安全,泄露国家秘密,颠覆国家政权,破坏国家统一的信息;

③损害国家荣誉和利益的信息;

④煽动民族仇恨、民族歧视,破坏民族团结的信息;

⑤破坏国家宗教政策,宣扬邪教和封建迷信的信息;

⑥散布谣言,扰乱社会秩序,破坏社会稳定的信息;

⑦散布淫秽、色情、赌博、暴力、凶杀、恐怖或者教唆犯罪的信息;

⑧侮辱或者诽谤他人,侵害他人合法权益的信息;

⑨含有法律、行政法规禁止的其他内容的信息。

《办法》第十六条还规定,互联网信息提供者发现其网站传输的信息明显属于上述

9种内容之一的,应当立即停止传输,保存有关记录,并向国家有关机关报告。

2.2.3　网络中介服务提供商的义务

从国外主要国家和国际组织的立法内容看,网络中介服务商的义务主要有监控、保密义务和协助调查义务。其中,协助调查是辅助性的,而监控和保密义务是主要义务。中介服务商是否承担责任主要看它是否履行了这些应尽的义务。

1)中介服务商的监控义务

网络中介服务商的监控义务应当包括两个方面:其一,事先审查义务,即在被明确告知侵权信息存在之前,主动对其系统或网络中信息的合法性进行审查;其二,事后控制义务,即在知道侵权信息的存在后及时采取删节、移除等措施阻止侵权信息继续传播。由于接入服务提供商与主机服务提供商对网络信息的编辑能力和对特定信息的控制能力有很大不同,因此,其监控义务也有很大区别。

接入服务提供商只是为信息在网络上传播提供"传输管道",不能对信息进行编辑,因此要求接入服务提供商履行事先审查义务在技术上是不可能的,故法律不应向其施加事先审查义务。同时,由于接入服务提供商对网络信息传播的控制能力也是有限的,一般只能采取封锁网络上某个特定站点或特定用户,甚至关闭整个系统的方法来达到停止侵权信息传播的目的,不能就某一特定信息采取控制措施。因此,接入服务提供商事后监控能力也有限,即使要求承担事后监控义务,也只是在负有技术可能、经济许可的范围内采取阻止违法、侵权信息继续传播的义务。

主机服务提供者在用户信息发布(上传)之前,主机服务者在技术上无法获悉该信息的内容,无法行使编辑控制权,故主机服务商不负有任何事先监控的义务。在用户信息发布(上传)之后,主机服务提供商在技术上具备了编辑控制能力,因此,主机服务商负有两项监控义务:一项是主动审查义务;另一项是请求终止传播义务。

2)中介服务商的协助调查义务

网络中介服务商的协助调查义务是指网络中介服务者负有协助权利人或有关机关收集侵权行为证据的义务。网络中介服务商协助提供的证据一般应当包括被控侵权人身份情况的证明材料以及上载、下载情况记录等有关侵权行为的证明材料。

网络中介服务商的协助调查义务具体表现为:在用户信息发表后的任何时间,服务商明知某信息为侵权信息或经权利人发出了确有证据的通知后,或者经法院等权威机构发出调查令,服务商在技术可能、经济许可的范围内负有向权利人或有关机关提供上述证据的义务。

3）保密义务

计算机和网络技术为人们获取、传递、复制信息提供了方便,但网络的开放性和互动性又给个人隐私保护带来了麻烦。在线消费(购物或接受信息服务)均需要将个人资料传送给银行和商家,而对这些信息的再利用成为网络时代的普遍现象,这些信息的不当使用均可能侵犯消费者利益。因此,对消费者信息的保密自然就成为网络中介服务提供商的主要义务之一。

2.3 网络服务提供商的法律责任

在 2000 年 12 月 28 日全国人大通过的《全国人大常委会关于维护互联网安全的决定》第六条的第二款中首次明确了网上侵权责任。该决定 2009 年经修正,第六条规定:"利用互联网实施违法行为,违反社会治安管理,尚不构成犯罪的,由公安机关依照《治安管理处罚法》予以处罚;违反其他法律、行政法规,尚不构成犯罪的,由有关行政部门依法给予行政处罚;对直接负责的主管人员和其他直接责任人员,依法给予行政处分或纪律处分。利用互联网侵犯他人合法权益的,构成民事侵权的,依法承担民事责任。"利用互联网侵犯他人权利自然包括网站经营者和其他人两种,其侵权责任仍然适用传统法律中谁侵权、谁承担责任的基本原则。

2.3.1 网络内容服务提供商承担民事责任的形式

网络内容提供者若是直接实施侵权行为的人,即触犯《中华人民共和国民法总则》(以下简称《民法总则》)第一百七十六条关于民事义务履行和民事责任承担的规定,应承担侵权责任。《民法总则》第一百七十九条所规定的民事责任承担方式同样适用于网络内容服务提供商。

网络侵权承担民事责任主要包括以下几种方式:

①停止侵害。例如,网络内容提供者应当从网站上删除被控侵权的作品。

②赔偿损失。例如,网络内容提供者应当赔偿权利人因其侵权行为所遭受的实际损失,包括经济损失和精神损失,经济损失又包括既得利益的损失和可得利益的损失。

③赔礼道歉。例如,网络内容提供者应当在有关媒体发表致歉文章。

2.3.2　中介服务提供商的法律责任

由于中介服务提供商并非属于传统法律意义上的信息发布者角色,因此,在其所经营的服务器上传到网络中的信息被认定为违法或侵权时,服务商并非当然地承担责任,即承担出版者的严格责任;而只有违背其应当承担的义务时,也就是存在过错时才应当承担相应的责任。根据不同情形,中介服务商的责任主要有以下几种情形:

1)直接侵权责任

接入服务提供商负有在技术可能、经济许可的范围内阻止侵权信息继续传播的义务,如果接入服务提供商明知某信息为侵权信息或接到权利人发出确有证据的通知后,在技术可能、经济许可的范围内不采取必要措施阻止该信息继续传播的,则主观上具有过错,客观上实施了不作为的侵权行为,根据《民法总则》第一百七十六条第的规定,应当在法律规定和当事人约定的范围内承担侵权的民事责任。

主机服务提供商负有在用户信息发布之后的合理时间内依据表面合理标准审查信息合法性的义务,如果服务商怠于履行主动审查义务或根据表面合理标准应该发现并删除侵权信息却因忽略没有发现并删除,则主观上具有过失,客观上实施了不作为的侵权行为,根据《民法总则》第一百七十六条的规定,应当在其法律规定和当事人约定的范围内承担侵权的民事责任。

网络中介服务提供商在接到权利人发出确有证据的通知以及提供有关侵权证据的要求的,根据《民法总则》第一百七十六条的规定,应当承担直接侵权责任,造成权利人其他损害的,应当在法律规定和当事人约定的范围内承担相应的侵权责任。

2)共同侵权责任

依据《民法总则》第一百七十八条关于连带责任承担的规定,若发生以下情形,网络中介服务商与网络内容提供者承担共同侵权的连带责任。

网络服务提供商通过网络参与实施侵权行为,或通过网络教唆、帮助他人实施侵权行为,应当与直接实施侵权行为的网络内容提供者一起承担共同侵权的连带责任。

网络服务提供商明知网络用户通过网络传播侵害他人合法权益的信息,或者经合法权利人提出确有证据的警告,但仍不采取移除侵权内容等措施以消除侵权后果的,构成共同侵权,应当承担连带责任。

本章小结

我国现行法律对国际联网、接入互联网、网站管制等方面均有相关规定。国家对国际联网实行分级管理的原则,由国务院工信部负责协调、解决有关国际联网工作中的重大问题。接入网络必须通过互联网络进行国际联网。网站设立的规范主要涉及接入互联网、域名和管制等方面。

对网络信息服务行为的管制大致分以下4种情形:经营性行为许可制度;非经营性行为备案制度;特殊行业服务特许制度;特殊信息服务专项备案制度。

从网站经营者在信息传输中的作用或者网站经营者对信息内容的控制角度来看,网络服务商大致可以分为网络内容服务提供商和网络中介服务提供商两类。前者负有向用户提供良好的服务,并保证所提供信息内容合法的义务;后者负有监控、保密义务和协助调查义务。网络服务商应依法提供网络服务,不得利用互联网侵犯他人合法权益。网络服务商侵权仍然适用侵权行为理论中的过错归责原则,根据过错承担相应的法律责任。

【案例分析】

关于主机服务提供者的法律地位是属于发布者还是传播者,目前尚无统一的说法,司法实践中也无统一的标准。例如,美国的 Stratton Oakmont Inc. 诉 Prodigy Services Co. 案。在该案中,被告 Prodigy 公司是一家网络服务公司,其 BBS 站有 200 万用户,其中的"金融谈"(Money Talk)是一个有广泛影响的 BBS,用户可以谈论有关股票、债券等金融话题。原告 Stratton Oakmont 公司是一家证券投资银行,总裁为 Daniel Porush。被告的"金融谈" BBS 发表了一封用户的信件,称 Porush "迟早会被证明是一个罪犯",并说 Stratton Oakmont 公司"靠谎言吃饭"。原告遂以被告构成诽谤提起诉讼。依据美国法律,只有对传播信息的内容行使了"充分的编辑方面的控制权",传媒才作为发布者负法律责任。原告为证明被告是与报纸类似的发布者,提出了以下证据:①被告在 BBS 上发布了言论内容指南;②被告使用了监视软件,该软件可自动搜寻并删除用户信件中的不洁文字;③被告雇有 BBS 站长负责审查信件内容;④被告的 BBS 具有撤除功能,即在站长发现信件内容不当时可以将其从 BBS 中删除。纽约最高法院于是作出判决支持了原告的观点,认为被告既然设置了 BBS 站长,使用了监视软件,主动行使了决定用户信件内容是否适当的权力,就应承担与该权力相称的义务,作为发布者对信息内容负责。

结合该案例和我国目前网上信息的发布情况,针对网络服务提供者的责任发表评论。

【复习思考题】

1. 我国网络管理机构有哪些?其主要职责是什么?
2. 简述域名注册的主要程序和规定。
3. 我国对提供互联网信息服务实行哪些管制制度?
4. 如何划分网络服务提供商?简述其各自的主要义务。
5. 网络服务提供商法律责任包括哪些内容?

第3章 电子合同法律制度

【学习目标】

理解电子合同与传统合同在法律特征方面的异同;熟悉电子合同过程中涉及的基本法律问题;掌握电子合同(含点击合同、电子信息合同)在订立、履行中的法律制度和规定及相应的法律责任。本章为全书的学习重点。

3.1 电子合同法的理解

3.1.1 电子合同的概念

《中华人民共和国合同法》(以下简称《合同法》)第二条规定:"合同是平等主体的公民、法人及其他组织之间设立、变更终止民事权利义务关系的协议。"电子合同是当事人之间通过信息网络以电子形式达成的设立、变更、终止财产性民事权利义务关系的协议。

根据现行我国《合同法》相关的规定,将合同分为口头形式、书面形式和其他形式3种。书面形式是指合同书、信件和电子意思表示(包括电报、电传、传真、电子数据交换和电子邮件)等可以有形地表现所载内容的形式,已明确将电子数据交换和电子邮件等网络通信方式纳入书面形式的范畴,赋予其法律效力。实际上已赋予了电子合同与传统合同相等的法律效力。

3.1.2 电子合同法的概念和特征

电子合同法指调整当事人通过信息网络以电子形式达成的合同关系的法律规范的总和。电子合同法作为电子商务法的重要组成部分,与传统的民商事法律制度相比,特

别是与传统合同法相比,电子合同法具有以下特征:

1)程式性

电子合同法是实体法中的程式性规范,主要解决合同的形式问题,一般不直接涉及交易的具体内容。如联合国国际贸易法委员会的《电子商务示范法》是以规定电子商务条件下的交易形式为主。至于交易内容方面的问题(即当事人双方的权利义务关系),则由相应的法律予以调整。

2)技术性

电子合同法基本规则一般起源于电子商务活动中形成的交易惯例,是电子商务实践经验的总结。电子化交易形式在电子商务中的普遍使用,使得电子合同法中包含了大量原本属于纯粹技术规范的各种标准,因而技术性也就成为电子合同法的重要特点之一,当事人若不遵守关于网络协议的技术标准,就不可能在开放的环境下进行电子商务交易。这类符合客观规律的技术标准一旦上升为法律技术规范(技术法规),就具有了强制约束力,人们如果不遵守这些标准,就要承担相应的法律责任。

3)开放性

由于通信和计算机技术仍在不断发展进步,也因为电子意思表示在形式上的多样性,因此电子合同法必须以开放的姿态对待各种技术手段与信息媒介。目前,国际组织及各国制定的电子合同法中,都大量使用开放性条款和功能等价性条款,以促进科学技术及其社会应用的广泛发展。

4)复合性

由于电子技术手段上的复杂性和依赖性,电子商务交易关系的当事人通常必须在第三方的协助下才能完成交易活动。例如电子合同的订立,需要网络服务商提供接入服务,需要认证机构提供数字证书;在非网络化的、点到点的电子商务环境下,交易人也需要通过电话、电报等传输服务来完成交易;在线支付,往往需要银行的网络化服务。因此,每一笔电子商务交易的进行,都包含多重的法律关系。

3.1.3　电子合同法的原则

1)自治原则

私法自治原则是为保护私人财产的绝对权利而提出的调整财产关系的法律原则。它以对内"意思自治"和对外"契约自由"为基本内容,以个人意志对私人经济行为享有绝对支配权为基本思想,以私人地位优先为信条。在现代,随着国家对经济活动干预范围的扩大以及人们越来越多地关注社会整体利益或价值,"意思自治"和"契约自由"已不再是商法的绝对原则,它们的适用必须以社会利益为前提。

虽然意思自治和契约自由原则在现代法律中受到越来越多的限制,但它依然包含了较为广泛的内容。具体包括:缔结合同的自由、决定合同内容的自由、变更和解除合同的自由和选择合同方式的自由等。

2)中立原则

电子商务法的基本目标,就是要在电子商务活动中建立起公平的交易规则,以平衡各方利益,保证交易安全。电子合同法是电子商务法的重要组成部分,是关于电子商务交易活动的程序性行为规范,为实现公平的目标,必须以中立原则为其基本原则。电子合同法中立原则的内容包括技术中立、媒介中立和实施中立等。

3)安全原则

网络是一个全开放的、很难设防的系统,终端间数据的传输、交换和处理,极易受到截取、窃听和篡改。电子商务的飞速发展,对交易安全提出了更高的要求。比如在电子支付方面,除了需要采取各种技术安全措施之外,还需要确立一系列法律技术规范,防止非法用户进入银行、在线的局域网并对数据进行存取,防止他人窃听,防止抵赖,验证对方的真实身份,确保数据的真实性和完整性,以维护和保障网上电子货币的安全流通。电子合同法中现有的关于电子意思表示、电子签名以及电子认证机构的法律制度,就是安全原则在电子合同立法中的具体体现。随着各种网络安全技术的研制和改进,电子合同法中的安全规范也会相应改进和完善,对网络交易安全的保护程度也会随之提高。

3.1.4 电子合同法的适用范围

从行为主体来看,电子合同法调整的是网络中两个以上的平等主体之间的交易关系。因此,无论是商人之间的电子合同关系,还是商人与非商人(通常是消费者)之间的电子合同关系,都属于电子合同法的适用范围。至于商人与政府之间的电子意思表示形式的契约是否属于电子合同法的调整范围,则应根据具体情况作具体分析。如果政府以普通民事主体的身份参与某一具体契约关系(如网上采购),与对方当事人处于平等的法律地位,而且双方当事人通过电子契约进行的是商品、劳务或其他标的的等价有偿交换,那么,该电子契约法律关系就应适用电子合同法规范。

电子合同法是合同法的特别法,应遵守合同法的一般规定。我国《合同法》第二条第二款规定,婚姻、收养、监护等有关身份关系的协议,适用其他法律。电子合同法同样也不适用于这些领域。

3.2　电子合同的订立法律制度

3.2.1　电子合同的成立与生效

合同的成立是指合同具备法定或约定的构成要素。合同的成立与合同的订立既有联系又有区别。就其联系而言,合同的订立是合同成立的前提,合同的成立是合同订立的结果;就其区别而言,合同的订立是缔约各方各自接触、洽谈直到达成协议的动态过程,而合同的成立是指合同已作为一种客观存在的静态结果,标志着合同的产生和存在。对电子合同而言,其成立与订立的联系依然存在,尽管两者的区别日趋模糊。因为多数以电子意思表示方式订立合同,不存在传统合同订立过程中缔约各方的接触与谈判,合同双方当事人甚至在从未谋面的情况下只需敲击键盘、通过网络而订立合同,尤其是在 EDI 合同中。但并不是说,在电子合同中就没有区分合同成立与订立的需要了,因为以电子意思表示方式订立合同并不意味着一切均能在网上完成,有时双方也会因一些重要条款而坐到一起共同协商,而合同的订立与成立又是判定双方到底是承担缔约过错责任还是违约责任的一个根本标准,所以在电子合同中区别合同的订立与成立仍是有必要的。

合同的效力是指成立的合同在当事人之间产生的法律约束力,也就是通常所说的法律效力。合同的成立与合同的生效是两个不同的概念,合同成立是指合同订立过程的完成,它只是解决了合同是否存在的问题,属于事实判断问题;对于已经成立的合同是否生效则是合同生效制度所要解决的问题,属于价值判断问题。

根据我国《合同法》第四十四条规定,依法成立的合同,自成立时生效。显然,此规定将合同的成立与合同的生效混为一谈。电子合同中也同样存在这样的问题,电子合同一般成立于承诺生效时,但根据《合同法》第三十三条规定,当事人采用信件、电子意思表示等形式订立合同的,可以在合同成立之前要求签订确认书,签订确认书时合同成立。因此,电子合同的成立着眼于因合同符合法定或约定的构成要素,而在法律上被认为是一种客观存在,属于事实判断问题;而电子合同的生效则着眼于已成立的合同,因符合法定的有效要件,而取得法律所认可的效力,属于法律对已成立合同的价值判断问题。如有些依法成立的电子合同因缔约主体不合格、意思表示瑕疵等原因而归于无效、变更或者撤销。即使是依法成立并符合法定有效要件的合同,也并非都是自成立时生效。如附条件和附期限的电子合同依法成立时并未生效,只有待所附条件成立或期限到来时生效。

总之,电子合同的生效不但需要具备一般的生效要件如主体合格、意思表示真实、不违反法律、法规与公共利益等,而且在法律有特别规定或当事人之间有特别约定的生效条件的,也应一并满足,方能生效。

1）电子合同的当事人资格

电子合同当事人作为合同权利义务的承担者、合同的主体,其资格直接影响到合同的效力与履行。在任何法律关系中,对当事人身份的认定,都是非常重要的,而网上身份认证则显得尤为重要。在大多数情况下,数字信息上显示出的发信人,与实际上制作并发出信息者是否同一,并无法按传统书面交易方式以对照印鉴或署名来确认,取而代之的是电子签名与电子认证。

缔约能力是指当事人能够通过自己的行为缔结合同并享有合同权利、承担合同义务的资格。在合同一般生效要件中,通常要求当事人应具有完全行为能力,如我国《合同法》第九条就规定,当事人订立合同,应当具有相应的民事权利能力和民事行为能力。当事人在缔结合同时须有相应的缔约能力,对自然人而言一般是与其民事行为能力相适应的;完全民事行为能力人除法律有特别限制外,具有完全的缔约能力;限制民事行为能力人只能进行与其年龄、智力或精神健康状况相适应的民事活动,其他民事活动由他的法定代理人代理或征得其法定代理人的同意;无民事行为能力人只有在纯获利益的场合下才具有缔约能力,其他民事活动也由其法定代理人代理。对法人而言,其缔约能力与其民事行为能力是一致的。在纸面交易中,可以通过查验身份证,鉴别营业执照,核对授权委托书以及谈话来判断对方当事人是否具有相应的缔约能力,或者通过长期的交易伙伴关系,或是通过对他方的资信状况等可见指标来建立一种最起码的信任关系。然而在电子交易中,当事人中一方如何能得知他方具有相应的行为能力呢?应该说,对电子交易中主体资格进行认证是必需的,其途径就是要建立一个交易服务与认证的机构,有关内容将在相关章节中予以介绍。

电子代理人是指在电子自动交易中能全部或部分独立地发起某种行为或应对电子记录或履行的计算机程序、电子手段或其他自动化手段。从表面上看,电子代理人的行为是独立的行为,自主地发出要约和作出承诺。这有点类似于自动售卖机,当购买方投入规定数量的货币后,它会自动交付所购物品。而对于自动售卖机,理论上认为,处在正常工作状态下的售卖机本身即是要约,购买方的投币行为是承诺。售卖机与设立人的关系不是代理关系,在代理关系中,代理人和本人是两个不同的主体,具有各自独立的意志。而售卖机的自动售卖行为是设立人事先设计好的行为,售卖机本身无独立的意志,它仅仅是设立人意志的延伸,它们之间不存在代理关系。电子自动交易是比自动售卖机更高级的自动交易程序,在这里,购买方的投币行为也是由计算机程序自动发出,但这一切行为均是按设立人的意志而为之,并没有改变电子代理人是交易工具的性质。

在另一种电子自动交易中,即自动竞价交易系统中,该交易系统虽然是无数多个当事人的电子代理人,但在技术上能够保证它独立地执行每个当事人的意志,竞价系统本身同样不具有自己的意志,因此不存在"双方代理"的情形。

可见,电子代理人最大特点是能完全或部分独立进行判断,自动完成交易,不需要当事人的干预。但在实质上它不具有自己独立的意思能力,仅仅是当事人设立的一种智能化工具,它的行为依然是当事人的行为。

由于电子代理人只是交易当事人的交易工具,因此电子自动交易中所发出的数据电文应归属于该自动交易程序的设立人,信息的发出人不得以所发送的信息未经自己审查为由而否认其责任。

2）意思表示真实

所谓意思表示真实,是指行为人表现于外部的表示与其内在意志相一致或相符合。在通常情况下,行为人的意思表示与其内心的真实意志的愿望是一致的,行为人应受其意思表示的约束并对其负责,这是维护正常社会经济秩序所必需的。但是,如果行为人的意思表示是在外界力量的影响或强制下进行的,如在欺诈、胁迫的情况下进行的,就不能反映行为人的真实意志。如果仅凭行为人外部的意思表示就确认其有效,则不仅违背了行为人的真实意志,同时也不符合行为人预期的法律后果,难以保护行为人的合法权益及维护社会的正常秩序。因此,当事人意思表示真实是合同有效的必要条件。

意思表示的不真实主要表现为意思表示的欠缺和意思表示的瑕疵。意思表示的欠缺,也称非真意的意思表示,是指表示行为与效果意思不能平衡一致的情况。具体而言,它包括真意保留、虚伪表示和重大误解。意思表示的瑕疵,也称为非自愿的意思表示,是指一方以某种非法手段迫使对方做出违背真实意思的表示。具体而言,它包括因欺诈而为的意思表示、因胁迫而为的意思表示、因乘人之危而为的意思表示。在意思表示不真实时,如何确定其效力,有意思主义、表示主义、折中主义等几种主张。我国现行法律采取表示主义为主,意思主义为辅的原则,侧重于保护交易安全,同时注意保护表意人的利益。

（1）当事人诚实信用原则

《合同法》第五十二条规定:"有下列情形之一的,合同无效:①一方以欺诈、胁迫的手段订立合同,损害国家利益;②恶意串通,损害国家、集体或者第三人利益;③以合法形式掩盖非法目的;④损害社会公共利益;⑤违反法律、行政法规的强制性规定。"第五十四条规定:"下列合同,当事人一方有权请求人民法院或者仲裁机构变更或者撤销:①因重大误解订立的;②在订立合同时显失公平的。一方以欺诈、胁迫的手段或者乘人之危,使对方在违背真实意思的情况下订立的合同,受损害方有权请求人民法院或仲裁机构变更或撤销。"在电子合同中,如果存在上述当事人违背诚实信用原则的情况,可以按传统合同中追究责任的方式予以相应救济。

（2）计算机故障

在计算机系统发生故障时,其自动处理则可能违反当事人的真实意思表示,此时计算机自动处理是否对当事人有约束力？在使用 EDI 方式时,因为 EDI 的通信环境是一个相对封闭的网络,EDI 用户加入通信系统时都已签订了通信协议,使用 EDI 的贸易双方可以在通信协议中预先设定发生计算机故障时,发出的电子意思表示无效以及损失的承担方法。

（3）电子意思表示篡改的传递

无论是使用 EDI,还是通过电子邮件进行意思表示,也无论采用何种技术或程序,都难以防止传递的数据在被接收时,变得杂乱无章,难以辨认,或者数据被篡改、变造。其风险应如何分担,责任应如何认定,学者有不同的主张。一种观点认为,为了公平地划分风险和费用负担,此时作为接收方应即时通知源发方,否则接受方对此负责;另一种观点认为,如因软件本身毛病而产生的错误的意思表示,从电子信息的发送到到达,应视为电子意思表示的表示行为。

在这一过程中发生的瑕疵,应当分为两种情况:其一,表示上的瑕疵。只有在意思表示内容中有关于主要部分的错误时,才能由发送者撤销。但如果发送者对此有重大过失,则不能以软件错误为由而撤销。对重大过失的举证责任在接受方。上述情形均因发送者活动范畴内的因素而产生,因此对方当事人若由此信赖发送的内容,而该信赖具有妥当的理由,应依照外观主义保护对方当事人。其二,意思本身的是否到达。在通信网上出事故而产生的意思表示的瑕疵,应当视为意思表示的不到达,而不视为意思表示的瑕疵。对电子邮件所为的意思表示是否曾经篡改、变造,其风险之分配,应以到达与否为准,亦即依据篡改、变造究竟是在到达之前发生或之后发生,决定变造危险由何方负担。受领人如是交易性或营业性使用电子邮件信箱之人时,则以意思表示到达其电子信箱时为准;反之,在其他情形中,则以实际了解时决定变造危险的负担。

（4）通信失误问题

按国际商会的解释,通信失误是指电子数据的传送失误与错误,如输入有误（如误写、误打的情形）,或使用有误的资料,或传送错误。由于电子数据的传递过程要有网络经营者的介入,因而通信失误可能是由当事人造成的,也可能是网络经营者的责任问题,这就产生了何种责任属当事人的责任,何种责任是网络经营者的责任问题,损失的赔偿是仅限于直接损失还是包括间接损失在内的全部损失。就当事人的责任分析,应结合主观和客观的具体情况加以解决。如在 EDI 自动处理系统中,鉴于要约、承诺的不可撤销性而原则上不允许撤销;而对于以电子邮件等其他形式订立合同的,则可以允许用户适用电子错误的保护程序快速更正。

3.2.2　电子合同的订立程序

1)要约

(1)要约的构成要件

要约又称为发盘、出盘、发价、出价或报价等,发出要约的人称为要约人,接受要约的人称为受要约人、相对人或承诺人。要约是订立合同必须经过的程序,作为一种订约的要素,是一方当事人以缔结合同为目的,向对方当事人所做的意思表示。要约的构成要件包括:

①要约必须是特定人的意思表示。要约的提出旨在与他人订立合同,并唤起相对人的承诺,所以要约人必须是订立合同的一方当事人。

②要约必须具有订立合同的意图。要约人发出要约的目的在于订立合同,而这种订约的意图一定要由要约人通过其发出的要约充分表达出来,才能在受要约人承诺的情况下产生合同。

③要约的内容必须确定和完整。所谓"确定",是指要约的内容必须明确,不能含糊不清,不要使受要约人不能理解要约人的真实含义。所谓"完整",是指要约的内容必须具有足以使合同成立的主要条件。《合同法》第十二条列明了合同一般应当具备的条款,但是,通常认为,只要具备标的物、数量、要约人的姓名或名称 3 项即满足要求内容具体要求;而确切是说对标的物、数量等项描述应当确定,写明规格、型号、具体数量,以使承诺人承诺后可以付诸实施。

④要约必须送达受要约人。要约只有在送达受要约人以后才能为受要约人所知悉,才能对受要约人产生实际的约束力。

(2)要约邀请

要约邀请又称要约引诱,是指一方邀请对方向自己发出要约。从法律性质上看,要约是当事人旨在订立合同的意思表示,它有一经承诺就产生合同的可能性,所以,要约在发生以后,对要约人和受要约人都会产生一定的约束力。如果要约人违反了有效的要约,应承担法律责任。但要约邀请不是一种意思表示,而是一种事实行为,换言之,要约邀请是当事人订立合同的预备行为,在发出要约邀请时,当事人仍处于订约的准备阶段。要约邀请只是引诱他人发出要约,它既不能因相对人的承诺而成立合同,也不能因自己作出某种承诺而约束要约人。在发出要约邀请后,要约邀请人撤回其邀请,只要没有给善意相对人造成信赖利益的损失,要约邀请人一般不承担法律责任。

在传统法律框架下,已经形成了一些区分规则。例如《合同法》第十五条明确规定,寄送的价目表、拍卖公告、招标公告、招股说明书、商品广告等为要约邀请,但商业广告的内容符合要约规定(即含有合同得以成立的具体确定的内容和希望订立合同的愿望),视为要约。

网络发布的商务信息(含广告)的性质判断也适用上述规定,即是否含有合同得以成立的具体确定的内容和希望订立合同的愿望。

(3)要约的效力

要约对于要约人和受要约人均具有约束力,要约产生约束力的时间为要约生效时间。在我国,要约生效采用到达主义。到达一般理解为送到受要约人控制范围,并不以受要约人实际知晓为必要。要约一经到达即产生如下效力:对要约人,要约一经生效(到达),要约即不得随意撤回、撤销或者变更;对于受要约人,要约一经生效,取得通过承诺成立合同的法律地位。但是,承诺只是受要约人的权利而不是义务,受要约人没有必须承诺的义务。

根据《合同法》第二十条规定,在下列情形下,要约丧失法律约束力:①拒绝要约的通知到达要约人;②要约人依法撤销要约;③承诺期限届满受要约人未作出承诺;④受要约人对要约的内容作出实质性变更。

(4)要约的撤回与撤销

由于要约在到达时才发生效力,故要约在发生法律效力(到达)前,可以撤回要约。撤回即是取消已发出但未生效(未到达)的要约。不过法律要求撤回通知应当在要约到达受要约人之前或者与要约同时到达受要约人。

要约生效后(到达后),要约人还可以撤销要约。因为这时尽管要约已经生效,但受要约人未承诺,合同未成立,要约人仍可取消要约,使其丧失法律效力。要约撤销的条件为:在受要约人发出承诺之前发出撤销通知。另外,法律规定了不得撤销的情形:①要约人确定承诺期限或明示不可撤销;②受要约人有理由认为不可撤销,并已经为履行合同做了准备工作的。

在一般情形下,要约可在到达受要约人之前撤回其要约。但是,要约人采用快速通信的方法发送信息,就很难撤回了。要约一旦到达受要约人后,就发生效力,要约人便不能撤回要约。在线交易中,由于信息传输的高速性,要约一旦发出,受要约人即刻就可收到,几乎不存在撤回的可能。但是,如果是通过电子邮件方式订立合同,在一般情形下,要约是可以撤销的。因为要约人通过以电子邮件方式发出要约后,受要约人并不一定立即承诺,订约当事人之间并不是采用一种自动回应和瞬间撮合的程序,一方发出要约之后,另一方并不一定立即自动作出回应。因而在发出要约与最终作出承诺之间可能会有一段间隔,在此期间内,要约人可以撤销要约。另外,如果当事人在网上协商,这与口头方式无异,要约人在受要约人作出承诺前是可以撤销的。

在线交易中,要约能否撤销取决于交易的具体方式。从《合同法》的规定来分析,受要约人在收到要约后有一个考虑期,此期限的长短由要约人决定或由交易习惯确定,在考虑期满前即受要约人承诺前,要约人可以撤销要约。因此,考虑期的时间长度和受要约人的回应速度是要约人能否撤销的关键。如果当事人采用电子自动交易系统从事电子商务,承诺的作出是即刻的,要约人没有机会撤销要约。

2)承诺

承诺是指受要约人同意接受要约的全部条件以缔结合同的意思表示。承诺的法律效力在于一经承诺并送达于要约人,合同便宣告成立。承诺必须具有如下要件,才能产生法律效力:承诺必须由受要约人作出;承诺必须在合理期限内向要约人作出;承诺的内容必须与要约的内容一致;承诺必须表明受要约人决定与要约人订立合同;承诺的传递方式应当符合要约的要求。

根据《合同法》第二十五条和第二十六条规定"承诺生效时合同成立","承诺通知到达要约人时生效"。故承诺一经到达要约人合同即成立。同时合同法允许承诺人在承诺生效之前取消承诺,撤回的通知应当在承诺通知到达要约人之前或者与承诺通知同时到达。承诺到达要约人时,承诺不能撤销,因为合同已经成立。在网络交易(尤其是点击合同)中应尤为注意。

3)确认收讫规则

确认收讫是指在接收人收到发送的信息时,由其本人或指定的代理人或通过自动交易系统向发送人发出表明其已收到的通知。联合国国际贸易法委员会颁布《电子商务示范法》指南时指出:确认收讫有时用来包括各种各样的程序,从简单的确认收到一项电文到具体表明同意某一特定数据电文的内容。《电子商务示范法》对确认收讫的应用规定了以下 5 项主要原则:

①确认收讫可以用任何方式或行为进行;

②发送人要求以确认收讫为条件的,在收到确认之前,视信息未发送;

③发送人未要求以确认收讫为条件,并在合理期限内未收到确认的,可通知接收人并指定期限,在上述期限内仍未收到的,视信息未发送;

④发送人收到确认的,表明信息已由收件人收到,但不表明收到的内容与发出的内容一致。

⑤确认收讫的法律后果由当事人或各国自己决定。

《电子商务示范法》仅对各国立法具有指导作用,并不能直接作为法律渊源而适用。目前已经有一些国家采纳了示范法有关确认收讫的规定。新加坡《1998 电子商务法》对于确认收讫的规定与示范法完全一致。韩国《电子商务基本法》的规定稍有不同,该法第十二条第三款规定:"如果发件人要求收件人确认收讫但未声明以确认收讫为条件,那么,发件人可以撤销发出的电子信息,除非在合理时间内,或在发件人规定的时间内,或在发件人和收件人协商一致的时间内发件人收到了确认通知。"

我国尚未有关于确认收讫的法律规定,如果交易双方欲采用这种制度,只能通过当事人的约定来实现。也就是说在法律没有规定的情况下,在具有交易关系的当事人之间可以事先约定采纳这种规则以消除电子合同订立过程中的不确定性。

在约定或依法律规定采用确认收讫规则的情况下,还必须弄清楚的一个问题是,确认收讫的效力,即确认收讫是否表明接收人同意原发信息的具体内容;或者说,对收到要约发出"确认收讫"回信是否意味着承诺。一般来说,除非当事人有特别约定或法律明确规定,确认收讫仅仅表明接收人收到电子信息,而非承诺。判断确认收讫是不是承诺,可以从两个方面来考察:一是在内容上确认收讫有没有表明同意要约。确认收讫实际上是一个功能性回执,是由接收方的接收计算机在收到发盘方的信息时自动发出的。这一点它与挂号信的回执有同等作用,其目的是减少商业风险,像挂号信的回执不代表收信人同意信件内容一样,确认收讫也不用来确认相关电子信息的实质内容;二是交易习惯应是立法的基础。法律规则应从一般惯例中抽象出来,对于少数特例应允许当事人自行约定。

确认收讫不是合同订立的必经程序。在合同订立过程中是否需要设立确认收讫这一环节应由当事人自己决定,确认收讫一方面能减少风险,但同时也增加了商业成本,法律应赋予市场主体自由选择的权利。

3.3　电子合同的履行和违约救济

3.3.1　电子合同的履行

合同履行的原则,是当事人在履行合同义务时所应遵循的基本准则。在这些基本准则中,有的是合同法的基本原则,如诚实信用原则、公平原则、平等原则等;有的是专属于合同履行的原则,如适当履行原则、协作履行原则等。电子合同既然是合同中的一种,当然也应当遵循上述原则。

我国《合同法》第六十条规定,当事人应当按照约定全面履行自己的义务。当事人应当遵循诚实信用原则,根据合同的性质、目的和交易习惯履行通知、协助、保密等义务。该条款既规定了合同履行中的诚信履行原则,又导出了合同履行中的附随义务,即当事人除了应当按照合同约定全面履行自己的义务外,还要履行合同未作约定但依照诚信原则也应当履行的协助、告知、保密、防止损失扩大等义务。

1）诚实信用原则

诚实信用原则是指民事主体在从事民事活动时,应诚实守信,以善意的方式履行其义务,不得滥用权力及规避法律或合同规定的义务。同时,该原则要求维持当事人之间的利益以及当事人利益与社会利益之间的平衡。诚实信用原则是合同法中的一项极为重要的原则,也是合同履行中的一项最基本的原则。该原则起源于罗马法,在罗马法中被称为善意原则,法国的民法也称之为善意原则。

确定行为规则、平衡利益的冲突、为解释法律和合同确定准则是诚实信用原则所具有的 3 项基本功能。诚实信用原则体现了道德伦理的观念或正义的现实要求,因而在适用中能产生确定行为规则的特殊作用,这些行为规则要求:当事人必须具有诚实、守信、善意的心理状况;当事人在从事交易活动时应当忠于事实真相,不得欺骗他人,损人利己;当事人订立合同后应恪守诺言;当事人应依善意的方式行使权利和履行义务,不得规避法律和合同规定。

在利益平衡方面,诚实信用原则要求当事人在进行民事活动时,要充分尊重他人和社会的利益,不得滥用权力,损害国家、集体和第三人的利益。

在司法审判实践中,诚实信用原则还具有解释法律和合同的作用。在法律与合同缺乏规定或规定不明确时,司法审判人员应依据诚实信用、公平的观念,准确解释法律和合同,正确适用法律处理民事纠纷。

诚实信用原则作为直接规范交易关系的法律原则,与债权债务关系尤其是合同关系的联系最为密切,在合同的订立、履行、变更、解除的各个阶段,甚至在合同关系终止以后,当事人都应当严格依据诚实信用原则行使权利和履行义务。

2）适当履行原则

适当履行原则就是指当事人按照合同的约定或者法律的规定履行合同的义务。它是对当事人履行合同的最基本的要求。例如,履行的主体是合同确定的主体,履行的时间地点恰当,履行的方式合理等。对于电子合同而言,如果是离线交付,债务人必须依约发货或者由债权人自提;在线交付的一方应给予对方合理检验的机会,应保证交付标的的质量。

3）协作履行原则

协作履行原则是指当事人不仅适当履行自己的合同义务,而且应基于诚实信用原则要求对方当事人协助其履行义务的原则。协作履行原则是诚实信用原则在合同履行方面的具体体现,《合同法》规定了协作履行有通知、协助和保密的义务。具体包括:债务人履行合同债务,债权人应适当受领给付;债务人履行合同债务,债权人应给予适当的便利条件;因故不能履行或不能完全履行时,应积极采取措施避免或减少损失等。

3.3.2　电子合同的违约救济

1）违约的归责原则

所谓归责是指确定某种行为所致事实后果的归属的判断活动的过程。归责原则就是指确定归责根据的原则。合同违约的归责原则有两类:一种是过错责任原则,另一种是严格责任原则。过错责任原则是指一方违反合同的义务,不履行和不适当履行合同时,应以过错作为确定责任的要件和确定责任范围的依据;严格责任是指在违约发生以后,确定违约当事人的责任,应主要考虑违约的结果是否因被告的行为造成,而不是被告的故意和过失。

在我国合同法的理论上,对于违约责任是采用过错责任还是严格责任一直存在争议。从《合同法》的制定来看,逐步确立了违约责任以严格责任为原则。即违约责任不以过错为归责原则或构成要件,除非有法定的或约定的免责事由,只要当事人一方有违约行为,不管是否具有过错,都应当承担责任。之所以采用严格责任为合同责任的原则,主要是因为违约责任源于当事人自愿成立的合同,除了约定或法定的情况,必须受其约定的束缚,如果动辄以无过错免责,对于相对人就不公平,有损于合同的本性;又从国际立法文件和合同法归责的发展的过程看,以严格责任为合同的归责原则是符合发展趋势的。

电子合同的违约责任仍然是严格责任。严格责任意味着只要有违约行为发生就得承担违约责任,而不再以违约人是否存在过错、守约人是否因此受到损害为要件。当然如果电子合同中没有事先约定违约金,在当事人没有实际损失,违约人也无须承担损失赔偿责任。在严格责任原则下,唯有存在免责事由时,违约人才可以免于承担违约责任。

2）免责事由

免责事由分约定的免责事由和法定免责事由。约定的免责事由即免责条款,指当事人在合同中约定的免除将来可能发生的违约责任条款。只是免责条款约定不得违反法律的强制性规定和社会公共利益。另外,根据民商法的基本原理,排除合同当事人的基本义务或排除故意或重大过失责任的免责条款为无效。

法定免责事由主要是不可抗力。不可抗力是指不能预见、不能避免并且不能克服的客观情况。理论上对不可抗力有以下解释:

①事件发生在合同订立之后;

②事件是在订立合同时双方所不能预见的;不能预见要求当事人在尽善良的注意义务的基础上,按通常的标准去衡量;

③该事件的发生是不可避免、不能克服的;

④该事件不是由任何一方的过失引起的;

⑤不可抗力是一种阻碍合同履行的客观情况。

不过,并不是一发生不可抗力均可免除履行合同责任,应根据不可抗力对合同履行造成影响的程度确定,造成部分义务不能履行的,免除部分责任(如未履行部分);造成全部不能履行的,免除全部责任。如果不可抗力只是造成合同债务人履行债务的暂时困难,则可要求债务人延迟履行,且免除延迟履行的违约责任。

这里须特别指出的是,与不可抗力相类似的另一个概念——意外事件。意外事件是指一方当事人虽无过失但却无法防止的外因。在意外事件导致不能履行合同时,不能作为免于承担违约责任的事由。也就是说,因意外事件不能履行或迟延履行构成违约行为,必须承担违约责任。

理论上,不可抗力与意外事件比较容易区分,但是在现实中有时可能也不那么容易区分。尤其在电子商务中,下述情形究竟是不可抗力还是意外事件,可能还需要根据具体情况分析:

①文件感染病毒。文件染毒的原因可能是遭到恶意攻击所致,也可能是被意外感染。但不论是何种原因,如果许可方采取了合理与必要的措施防止文件遭受攻击,例如给自己的网站安装了符合标准或业界认可的保护设备,有专人定期检查防火墙等安全设备,但是仍不能避免被攻击,由此导致该文件不能使用或无法下载,应当认定是属于不可抗力。

②非因自己原因的网络中断。网络传输中断,则无法访问或下载许可方的信息。网络传输中断可因传输线路的物理损害引起,也可由病毒或攻击造成。

③非因自己原因引起的电子错误。例如,消费者购物通过支付网关付款,由于支付网关的错误未能将价款打到商家的账户上。

为了解决上述不确定因素,在法律没有明确规定的情形下,当事人不妨以免责条款合理分配风险,以弥补法律规定不足。当然其约定是否合法要由法院根据具体情况进行评判。

3)违约救济

《合同法》第一百○七条规定:"当事人一方不履行合同义务或者履行合同义务不符合约定的,应当承担继续履行、采取补救措施或者赔偿损失等违约责任。"电子合同仍然遵循这些基本责任形式,只是在信息产品交易中,在违约导致合同终止时,还应采取停止使用、终止访问等措施。

(1)继续履行

在我国,传统合同理论非常强调实际履行原则。但是,在契约自由和交易自由的市场经济体制下,当事人意志得到尊重,实际履行不再被强调,而由守约方在权衡利弊的基础上,选择继续履行或者采取其他违约救济方式。在守约方明确反对或已经丧失履行必要的情形下,法院和仲裁机构不得判决继续履行。

但是,对于信息产品而言,守约方的选择权不宜滥用。除非因为信息内容上的原因而违约或者产品质量瑕疵,继续履行合同不仅对许可方或提供方具有法律意义,而且对被许可方或接受方同样可能具有一定的意义。

(2)采取补救措施

在货物买卖合同中,采取补救措施指义务人交付标的物不合格,提供的工作成果不合格,在权利人仍需要的场合,可以要求违反合同义务一方采取修理、重做、更换等补救措施。同样,在信息产品情形下,原则上也存在这样的补救措施,即要求许可方或信息提供方更换信息产品或消除缺陷。

(3)返还财产或终止使用

合同因无效或被撤销或因违约而解除合同时,即存在一个返还财产、恢复原状问题。一旦合同被认定为无效/被撤销,合同自始即丧失效力,当事人因合同所获得利益(如收到货物或货款)即丧失法律基础,应当返还原所有权人(或给付人);在一方有过错时,还应当赔偿无过错一方损失。在因违约而解除或终止履行合同情形下,尚未履行的终止履行,其效果相当于合同无效;已经履行的,根据履行情形和合同性质,当事人可以要求恢复原状、采取补救措施,并可以要求赔偿损失(这种赔偿一般理解为过错责任)。

上述合同法所确定的规则主要针对货物交易情形的,在信息产品交易情形下,返还几乎丧失意义。因为返还的只是信息产品的载体,其信息内容仍然可能留存在持有人的计算机中。这时,停止使用、终止访问就具有了特殊意义。甚至可以说,只有停止使用才能保护许可方的利益。停止使用的内容包括被许可方所占有和使用的被许可的信息及所有的复制件。相关资料退还给许可方,同时被许可方不得继续使用。许可方也可以采用电子自助措施停止信息的继续被利用。

(4)赔偿损失

损害赔偿是违反合同方以支付金钱的方式弥补受害方因违约行为所减少的财产或者所丧失的利益。损害赔偿是最基本和最重要的违约救济方式。它与上述几种违约救济方式是互补的,一方违约后,除了要求其采取特定补救方式外,对于已造成的损害还应予以赔偿。当事人可以在合同中事先约定根据不同的违约情况向对方支付违约金,以代替事后的损失计算。不过,约定的违约金低于造成的损失的,当事人可以请求人民法院或者仲裁机构予以增加;约定的违约金过分高于造成的损失的,当事人可以请求人民法院或者仲裁机构予以适当减少。当事人还可以约定因违约产生的损失赔偿额的计算方法,以避免违约后的赔偿计算的麻烦或困难。

在当事人既没有约定违约金,也没有约定损失赔偿额的计算方法时,按照《合同法》第一百一十三条规定确定损失赔偿额。损失赔偿额应当相当于因违约所造成的损失,包括合同履行后可以获得的利益,但不得超过违反合同一方订立合同时预见到或者应当预见到的因违反合同可能造成的损失。这里关键是如何认定超出"合理预见"的除外。一般而言,合理预见要根据订立合同的事实和环境来判定。在通常情况下,根据一般日常生活常识、交易习惯和职业要求,当事人必然知道的事实,都属于合理预见的范畴。对于特殊的事实,必须有明确告知,否则不属于合理预见。

如何界定"合理预见"在网络中的程度也是值得考虑的。英美法以有很大的可能性作为可预见的程度要求,在订立合同时能够对违约后果的范围或数额有着比较清楚的预见或估计,实际违约所造成的损失与预计大致相当,即可认为是合理预见。一般认为,在线交易中合理预见的界定应考虑以下几个要素:

①合同主体的不同。B-B 交易主体的预见程度较消费者高。

②合同方式的不同。电子自动交易订立合同较在线洽谈方式订立合同预见程度要低。

③合同内容的不同。信息许可使用合同比信息访问合同应有较高的预见要求。

3.4　点击合同法律制度

点击合同系指由商品或服务的提供人通过计算机程序预先设定合同条款的一部或全部,以规定其与相对人之间法律关系,相对人必须点击同意键后才能订立的合同。点击合同具有附和性,是网络环境下的格式合同。

电子格式合同主要用于电子商务企业与消费者之间的消费合同。格式合同就是不需要另一方意思表示的参与,而由一方为了反复使用而事先拟制的合同。格式合同的最大特点是非协议性,另一方对于格式合同要么接受,要么拒绝。为此,各国的合同法中均对格式合同的效力加以限制。在电子商务中,由于人们无法谋面协商,许多电子商务公司均采用电子格式合同,这固然可以减少不安全的因素,但也带来了不少法律问题。

在网络交易中,电子格式合同有时表现为拆封合同。拆封合同是指合同提供人将其与不特定第三人之间权利义务关系的相关条款,印在标的物的包装上面,并在合同中声明只要消费者在购买后拆开包装,即视为接受的格式合同。点击合同与电子版的拆封合同有两点不同:第一,应用范围大大拓展。拆封合同局限于软件等电子产品买卖法律关系中,而点击合同从信息产品的使用许可扩展到免费邮箱的申请,从买卖关系扩展到非买卖关系;第二,点击合同具有部分可选择性。某些点击合同的条款可供使用人选择,使用人不同的选择,权利义务关系会有所不同。而拆封合同的任何条款都是使用人无法选择或改动的。但是这些不同并未改变点击合同与拆封合同本质上的一致性。

许多网站都在用户接受邮件服务之前弹出格式合同界面,用户只有在点击之后才能使用服务,网站声称,点击表明用户接受合同。我国《合同法》对格式合同的定义和基本原则作了全面规定,其主要规定有:

1)提供格式条款的一方应坚持公平原则

提供格式条款的一方是电子邮件服务的提供者,接受格式条款的另一方是普通用户。一般而言,普通用户往往处于弱势、分散和对相关知识不够了解的状态,故法律要求提供格式条款的一方必须以公平的态度对待普通用户,而不应迫使一方接受不平等契约。

2)以合理方式提出免责和限制责任条款

电子合同的传输涉及极为复杂的技术问题,任一网络节点的故障都可能导致数据信息传输失败。依据合同法的规定,免责和限制责任条款的提出应当符合合理原则。所谓合理,就是指服务商提出的免责和限制责任条款应当符合合同法的基本原则,如诚实信用、公平原则、公共道德等。

3)格式合同不得加重对方责任与排除对方主要权利

由于提供电子邮件或网页格式合同服务的 ISP、ICP 具有明显的优势地位,易于利用优势在合同中加重用户责任并排除用户主要权利。合同法禁止这种侵害用户权利的行为,其条款也没有法律效力。

4)合同争议的解释权

电子合同发生争议后,如何解释合同,是维护双方当事人合法权益的关键。在实践中,一些网站在合同中规定合同解释权属于网站,这是违反合同法的。合同法依据公平原则,对格式合同解释作了强制性规定:"对格式条款的理解发生争议的,应当按照通常理解予以解释。对格式条款有两种以上解释的,应当作出不利于提供格式条款一方的解释。格式条款和非格式条款不一致的,应当采用非格式条款。"

3.5 电子信息合同法律制度

3.5.1 信息产品的含义

信息作为一种可交易的产品(或无形物)是现代信息社会的产物。人们把这种数字化的信息,称为信息产品、信息制品、数字产品或电子信息。信息产品从载体上可以分为两类:一类是以物理载体形式存在的信息产品;一类是以数字化形式存在的信息产品。二者具有共同的内容信息,只是在信息产品的交付上,前者通过载体(物)的交付移转信息;后者可以通过数字传输方式(网上下载)移转信息(本节内容主要涉及后者的法律制度)。任何信息均可以数字化,因此,任何一种信息产品均可以以两种方式存在,也可以以两种移转方式而移转。

同有形物品相比,信息产品具有可破坏性、易篡改性和易复制性等特点,这就决定了对信息产品交易独特的法律保护(主要涉及权利义务和履行等方面)。

3.5.2 信息产品交易中的双方权利及义务

信息产品合同作为合同的一种,其当事人具有与一般合同当事人相同的基本权利和义务,然而由于信息产品的特殊性,使得他们的权利义务又有与传统合同当事人的权利义务不同之处。这里主要以信息产品合同为对象来研究当事人的主要权利和义务。

1)信息产品许可人的电子控制权

所谓电子控制是指信息产品的许可方采取某一电子措施和类似方法限制他人对信息的利用。由于信息产品的特性使得许可人难以在授权许可后控制信息产品不被滥用。因此,赋予信息许可方一定的信息控制权是必要的。

(1)信息许可人行使电子控制权的条件

①合同中有被许可方对信息许可方使用该权利的明确的同意。此种同意的条款可以在信息许可使用合同中规定,也可以有当事人的特殊约定。但此约定事关被许可人重大利益,故应以被许可人的明确同意为必要。

②电子控制权行使的目的是阻止被许可方与合同约定不一致的使用。究其目的,许可方行使电子控制权是保障信息产品的合法使用和按合同约定使用,许可人可以在合同期满后或合同规定的使用次数到达后,采取措施限制被许可方的继续使用;也可以在被许可人擅自改变信息产品的使用范围或源代码时阻止其继续使用。

③许可方在行使电子控制权之前必须向被许可人发出通知。一般说来,由于许可人自己并不能知晓被许可人是否违反合同,因此该通知可通过电子程序自动发出警示,从警示通知发出到采用限制措施应有一个合理期限。如果被许可人在该期限内取消了违约做法,控制措施不应实施。

(2)电子控制权的限制

①电子控制权的行使不得控制或破坏被许可人其他信息或其信息处理设备。信息许可人只能对属于自己许可的信息行使控制权,如果许可人行使控制权时阻止了被许可人对其他信息的利用,或者锁定、破坏了被许可人的整个计算机系统或类似的设备,则超出了权利范围。从信息的使用上或依据合同的约定,信息的使用必然与其他信息混合或者发生改变,许可方也不得行使电子控制权。

②电子控制权的行使存在危害公共安全或损害公共利益或严重影响第三人合法利益的风险时,不得使用。如果被许可使用的信息其使用目的是为公共利益或安全,许可人当然不能行使控制权;在信息使用目的为其他时,如果许可人应该知道行使控制权会严重影响到公共利益或第三人利益,也不得行使该权利。这里的"应该知道"可以从信息产品的性质、使用目的、使用环境、范围等因素来判断或由被许可人的明确告知来决定。

(3)电子控制权的法律后果

信息产品的许可人依法行使电子控制权,使被许可人不能使用该信息,由此造成被许可人的损失,许可人不承担任何法律责任。但由于许可人不当使用电子控制权导致被许可人或他人利益损失的,应承担相应的赔偿责任。

许可人使用电子控制权即使正当,但因电子控制发生错误或变动导致被许可人或他人受到损害的,应承担损害赔偿责任。

2)信息产品许可人的主要义务

信息产品的特殊性也决定了合同许可人的义务与传统合同义务有所不同。传统合同对货物合同与服务合同的分类在这里不再泾渭分明。货物合同一般要求当事人提供的货物质量合格和符合合同指定的用途,服务合同要求当事人利用自己的知识和技能为相对人提供服务,侧重服务的过程。但是,信息产品合同较难归入货物类合同或服务类合同,如某人定制一软件,既要求当事人提供的软件质量合格并适于特定的目的,又要求当事人提供软件的维护服务。因此,信息产品许可人的义务具有混合性的特点。

(1)质量担保义务

信息产品许可人的质量担保义务包括产品质量的担保和服务质量的担保,如果许可人违反该义务,被许可人可以请求许可人采取补救措施,或者解除合同并要求其承担损失。产品质量担保主要有:

①效用担保。指信息产品符合通常的效用和合同约定的用途。

②品质担保。指信息产品具有约定和法定的品质,如与许可人约定的规格、版本、安全性等要求一致。

③服务质量担保。一般由当事人在合同中约定,主要有按合同规定向被许可人提供安装和维护、提供相关知识的培训等。质量担保和服务担保几乎是融合在合同履行过程中,当合同标的是专用软件产品时,尤其如此。

（2）权利担保义务

对信息产品而言,权利担保较其他合同的权利担保更为重要。美国《统一计算机信息交易法》第四○一条规定,信息的许可方应保证其提供的信息免于任何第三方以侵权和侵占为由提出的正当请求。我国《合同法》第一百五十条规定:"出卖人就交付的标的物,负有保证第三人不得向买受人主张任何权利的义务,但法律另有规定的除外。"根据该法律条款,信息产品许可人对交付的信息产品应负有权利担保义务。

权利担保的主要内容:保证在合同的有效期内,任何人无权基于许可人的行为对该信息提出权利请求;如果该信息是排他性的许可,要符合专利法和相关法律的规定;许可人不得以约定排除所担保的义务。

（3）信息披露义务

由于网上交易的虚拟性,交易双方彼此难以了解,因此信息披露非常重要。信息披露的内容至少应包括:许可方的真实身份情况;合同标的的品质、质量等说明;订约程序及履行方法。

《欧盟电子商务指令》第五条规定:成员国应保证服务提供者能够提供并使服务接受者和有权机关能够容易地、直接地和永久地获取服务提供者的名称、设立地的地理地址、通信地址、注册机构及其注册号码等确认其身份的信息。第十条规定:成员国应确保服务提供者在服务接受者下订单之前至少清楚地、明白无误地披露了下列信息,除非其与非消费者当事人另有约定:

①订立合同采用的技术步骤;

②已订立的合同是否由服务提供者存档和是否可供查阅;

③识别和纠正下订单前输入错误的技术手段;

④合同使用的语言。

同时规定,成员国应确保服务提供者指明其同意遵守的行为规范和如何用电子查阅这些规范的信息,除非与非消费者当事人另有约定。并要求提供给接受者的合同条款与条件应能为接受者所储存和复制。

除了上述义务以外,许可方尚应承担按约履行、交付有关单据和证书的义务。

3）信息产品被许可人的正当使用义务

基于信息产品的易复制和易于改变,被许可方的违法使用会给权利人带来灾难性

的后果,会损及信息产品交易的正常进行。信息产品使用人的正当使用义务有:

①未经许可人同意,不得擅自复制信息和改变其用途、使用范围等;

②未经许可人同意,不得擅自改变信息的源代码并作商业性使用;

③不得违反合同约定进行使用。

3.5.3 电子信息合同的履行

电子信息作为一种新型的交易标的物,具有其独特性,其合同之履行与传统有形货物买卖有许多不同,了解该类合同履行上的特点,对于确定电子商务(特别是在线交易)当事人之间的利益,具有重要的意义。需要说明的是,本节以在线合同之履行为主,同时也包括了离线的电子信息合同的履行问题,以便在二者的比较中体现各自的特点。

1)电子信息合同履行的方式与地点

(1)交付电子信息的履行

①有形媒介的交付方式与地点。就标的的性质而言,可把信息作为动产来对待。当信息以有形媒介为载体时,它与传统的动产买卖在交付地点与交付方式方面,没有多大区别。美国《统一计算机信息交易法》(以下简称《信息交易法》)规定:"复本必须在协议指定的地点交付。在没有指定时,适用以下规则:有形媒介上的复本的交付地点,在履行方的营业地,如果没有此地的,在其住所地。然而,如果当事人在订立合同时,知道复本在其他某一地点,该地为交付地。"与传统动产交付所不同的是,该法在义务履行方所在地之外,又增加了标的物所在地,作为补充履行地。电子信息即便因有形载体存在,其重量都比较轻,在标的物所在地交付,一般不会增加接收人的负担。如此规定,体现了电子信息的特点,具有灵活性。

②在线交付的方式与地点。以在线电子传输交付电子信息,是电子交易独具特点的方式。如果仍适用义务履行方所在地原则,就违背了电子信息的规律,同时也会给当事人带来极大的不便。因此,美国《信息交易法》规定:"复本的电子信息交付地,是许可人指定或使用的信息处理系统。"在这一点上,它是与数据电讯的发送、接收时间的确定方式是一致的,即以信息系统作为其参照标准。从交付完成的标准看,则是"提交并保持有效的复本给对方支配"。其最终落脚点,是让信息使用人能有效地支配合同项下的电子信息。

③电子信息交付的随附义务。为了使所交付的信息复本达到"商业适用性",即实现其有效的交付,在交付之中往往还随附着一定的义务。如同有形货物买卖中必须提供"使用说明"一样,电子信息的交付应将如何控制、访问信息的资料交给客户,使之能有效支配所接收的信息。这些义务对于电子信息的交付而言,是必不可少的,而绝非可

有可无的。譬如,在网上提供某一格式的文件,一般应同时提供打开该文件的方式,或直接提供应用软件,或指示取得软件的方式。否则,客户就无法对文件内容有效利用,这就好似卖锁应配备钥匙一样。

美国《信息交易法》规定:"复本交付的履行,要求履行方提交并保持该有效的复本给对方支配,并且以合理的方式给对方必要的通知,使之能够访问、控制,或处理该复本。如果适当的话,要求必须在合理的时间内提交协议规定的访问材料或其他文件。接受履行的一方应合理地提供适合于接收履行的设施。"此外,还应适用以下规则:

a. 如果合同要求交付由第三人持有的复本而不需转移,履行方应提交协议规定的访问材料或其他文件。

b. 如果合同没有要求履行方将复本交付到特定的目的地,而是要求或授权履行方将复本发送给另一方,适用以下规则:在履行有形媒介上的复本的交付时,履行方应将复本置于传送人占有,并根据信息的性质与其他的环境,与之签订运送合同,运送费用将由接收人负担;在以电子方式交付复本的情况下,履行方应该根据信息的性质与其他的环境,合理地启动传输或致使传输的启动,传输费用将由接收人负担;如果要求履行方将复本交付到特定的目的地,履行方应使复本在目的地能够使用,并承担运输或传送的费用。此外,如果信息附有权利证书的,可通过普遍接受的业务方式予以交付。

如果电子信息交付人,在信息交付后仍对信息掌握着一定的控制权,如对使用范围、期限、次数等方面的限制,但这些控制必须是依照合同条款而保留的。否则,将构成侵权责任。

(2)信息费用支付的履行

信息使用费的支付是信息使用人应履行的义务,体现了合同权利义务的对应性。两项相互对应的义务,即信息的交付与使用费的支付,所应遵循的原则是尽量同时履行,除非当事人另有特约。这是由信息的共享性所决定的,如果先使用信息,后支付费用,信息权利人的利益难以得到保障。

美国《信息交易法》就复本的履行作了如下 4 种规定:

①如果需要以复本的交付来履行合同,应适用如下规则:应当交付的一方在接收方履行应给付的义务之前,不必完全履行交付;交付的履行是另一方当事人接收复本的义务的条件,并且使接受履行的当事人有权接收复本。

②如果支付在交付复本时才到期,应适用如下规则:交付的履行是另一方当事人支付的条件,并且使接受履行的当事人根据合同支付;合同规定的所有复本必须一次性交付,并且支付在该履行时到期。

③如果条件给予任何一方行使或要求分批交付的权利,合同费用如果可以分割的话,可分为每批请求。

④如果支付的到期,以要求交付复本或交付权利证书为条件,接收履行一方的保留或处理复本或文件的权利,与履行一方相对应,以其有效的支付为条件。

上述引文的立法意图十分清楚,即在电子信息复本的交付中,要求同时履行,以保护信息权利人的利益。

2)电子信息合同履行中的验收

验收是合同履行中的重要环节,包括查验与接收两个方面,它直接涉及双方法律关系的进展方向。验收方式、标准、费用等问题看似细微,却在信息交易中事关重大。

(1)电子信息的检验

电子信息涉及的范围极广,其检验方式需根据不同的要求而具体确定。

①立即履行的电子信息的检验。这类电子信息的交付,包括在线交易的电子信息和有形复本的交付两种,都属于大众市场许可交易,即向市面大批量出售标准信息版本的情况。此类交易的成交过程短暂,加之信息使用人自身一般不具备专门检验的手段,并且也不需对信息的复本进行特别的检验。其检验方式,通常表现为从包装、标识等方面检验是正版即可。因为这类大众市场电子信息是类型化的,每个复本数量、质量都是一致的。一般应根据通常的业务、交易或行业标准,来确定当事人的权利。一般来说,通过用户委员会干涉劣质电子信息,倒是有效途径之一。如果就每笔交易规定特定的检验步骤,其交易成本往往会超过合同标的本身的价值,以至于得不偿失。

②特定电子信息的检验。需要专门检验的电子信息复本,主要是指非大众市场的信息复本,一般为度身订制的软件。如果根据协议或法律,接收人有权检验,那么,只有在当事人有合理的机会检验复本后,接收才能发生。

关于这类电子信息的检验,美国《信息交易法》规定,如果需要以复本的交付来履行义务,应适用以下规则:除非法律另有规定,复本的接收方有权在支付或接收前合理的时间与地点,以合理的方式,对复本进行检验,以确定是否与合同相符;检验一方应负担检验的费用;当事人确定的检验地点,或方法,或接受标准,是具有排他性的。然而,地点或方法或接受标准的确定,并不改变合同的一致性,或更改交付的地点、权利或损失风险的转移。如果地点或方法的遵守已成为不可能,检验必须按照本条进行,除非当事人确定的地点或方法是必不可少的条件,条件不成将使合同无效;当事人的检验权应服从于现存的保密义务。

如果所享有的检验权,与支付前检验机会的协议不相符,该当事人在支付前,不享有检验的权利。如果合同约定在检验复本前支付,不相符的履行并不成为接受方免于支付的理由,除非未经检验已显示出不相符并有理由拒绝;或即使履行了要求的文件,但根据美国《统一商法典》第五篇信用证,有理由禁止信用证的支付。根据前款描述的情形的支付,并不是对复本的接受,不影响当事人的检验权或阻止其行使救济的权利。

（2）电子信息接收

电子信息的接收,是合同履行的重要阶段,它标志着权利人认可了合同标的,同时也解除了对方当事人交付电子信息的义务。从接收的方式看,有整体接收与分部接收。此外,根据协议还有经查验的接收,标准版本的接收。接收实际上是当事人对合同标的质量、数量的一种同意的表示,它既可由当事人以明示方式作出,也可以从其行为给予推定。

①电子信息接收的一般条件。美国《信息交易法》在关于"复本于何时形成接收"中,对接收的一般条件作了如下规定:"复本的接收发生于向接收方提交复本之时:对履行,或对复本以行为方式表示,是符合合同的,或该当事人愿意接受保留复本,尽管不相符;没有作出有效的拒绝;将复本或信息混合的方式,而使拒绝后再遵守义务成为不可能;从该复本得到了实质的利益并无法返回该利益;以不符合许可人所有权的方式行事,而该行为只有在许可人将其选择为接收来对待,并认可该行为在合同使用条款范围内,才能作为接收。"

②电子信息的分部接收。前述的接收,是指在整体接收的情况进行的。如果合同标的——电子信息分为几次,或几个部分提交,其情况将会不同。部分接收是相对于整体而言的,一般发生于对由多个复本构成的一套电子信息制品接收的情况。鉴于整套电子信息复本,必须协同使用,虽然从形式上分为多个,但实质上应将多个复本视为一个整体。这些信息复本在法律性质上,应属于不可分物一类。

美国《信息交易法》规定:"如果协议要求分部交付,而各部分结合起来才构成信息的整体,每一部分的接收,都以整体接受为条件。"换言之,只有接收人对整体的接收,才能使各部分的接收有效,而部分的接收,并不构成有效的接收。

3）电子合同终止后当事人的权利义务

合同终止可以由各种情况引起,履行是其中最经常和最正常的原因。合同履行完毕,合同的权利义务即终止,但是当事人仍要承担合同法上的义务。我国《合同法》第九十二条规定:"合同的权利义务终止后,当事人应当遵循诚实信用的原则,根据交易习惯履行通知、协助、保密等义务。"电子合同终止后的权利义务存在一些特殊之处。

（1）被许可方的继续使用及限制

被许可方在合同终止时,就无权继续行使合同上的权利,例如访问许可方的信息。但是,在信息许可使用的情形下,尚存在被许可方继续使用的可能。

047

一种情况是该信息经被许可方使用后已与其他信息混合,使退还不可能;或者被许可人因为其他情况使得退还没有必要时,应当允许被许可方继续使用。此时的继续使用应有所限制。首先,不能超出合同有效期的使用目的和范围。如合同规定该信息是为个人使用而许可,继续使用不能扩大到商业使用。其次,继续使用不享有原合同生效时的其他权利,例如享有信息产品升级、维护等权利。最后,被许可方继续使用应支付必要的使用费。

另一种情况是在许可方违约,被许可方合法解除合同时为减少损失而采取的必要措施。例如,被许可方获得计算机软件的使用权,在安装后发现与合同的规定不符,于是依约解除合同,被许可方失去该软件的使用权,但是,一旦停用会使其系统功能丧失,为避免更大的损失,在使用人安装新的软件之前,可以继续使用该软件。这种使用同样应有一定的限制:

①被许可方的继续使用不违反原合同的使用目的和范围;

②使用时为了避免或减少损失而采取的合理措施;

③不违反许可方在解除合同后的处理办法或不违反与被许可方达成的协议。如果许可方禁止被许可方使用,则应对禁止使用所扩大的损失负责;

④该使用应基于善意并不能超出必要的时间;

⑤继续使用应支付合理的使用费。

（2）被许可方的协助义务

合同终止时,被许可方应按约定采取合理措施协助完成有关事项。被许可人应遵循许可方的指示,退还标的及相关的材料、文件、记录、复制件或其他有关资料;或者销毁有关的复制件等。被许可方不得在合同终止后,继续持有信息或复制件,或采取技术手段非法改变、移除许可方的电子标识信息或自助控制信息,以继续非法使用。

此外,在合同终止后,许可方有采用电子控制的权利,以防止非法利用。根据我国法律相关规定,当事人还应履行通知义务和保密义务。

本章小结

电子合同是当事人之间通过信息网络以电子形式达成的设立、变更、终止财产性民事权利义务关系的协议。根据我国现行《合同法》相关的规定,将合同分为口头形式、书面形式和其他形式3种。书面形式是指合同书、信件和电子意思表示（包括电传、传真、电子数据交换和电子邮件）等可以有形地表现所载内容的形式,已明确将电子数据交换和电子邮件等网络通信方式纳入书面形式的范畴,赋予其法律效力。电子合同法是合同法的特别法,应遵守合同法的一般规定。

合同的成立是指合同具备法定或约定的构成要素。合同的成立与合同的订立既有联系又有区别。电子合同当事人作为合同权利义务的承担者、合同的主体,其资格直接影响到合同的效力与履行。意思表示真实是指行为人表现于外部的表示与其内在意志相一致或相符合。当事人意思表示真实是合同有效的必要条件。意思表示的不真实主要表现为意思表示的欠缺和意思表示的瑕疵。

电子合同的订立程序包括要约和承诺。同传统合同法相比,电子合同有其特殊性。电子合同的履行是当事人在履行合同义务时所应遵循的基本准则。在这些基本准则中,有的是合同法的基本原则,如诚实信用原则、公平原则、平等原则等;有的是专属于合同履行的原则,如适当履行原则、协作履行原则等,电子合同既然是合同中的一种,当然也应当遵循上述原则。电子合同的违约责任仍然是严格责任。严格责任意味着只要有违约行为发生就得承担违约责任,而不再以违约人是否存在过错、守约人是否因此受到损害为要件。

点击合同系指由商品或服务的提供人通过计算机程序预先设定合同条款的一部或全部,以规定其与相对人之间法律关系,相对人必须点击同意键后才能订立的合同。点击合同具有附和性,是网络环境下的格式合同。我国《合同法》对格式合同的定义和基本原则作了全面规定。

电子信息合同作为一种合同,其当事人具有与一般合同当事人相同的基本权利和义务。然而由于信息产品的特殊性,使得他们的权利义务又有不同之处。电子信息合同当事人的主要权利和义务包括:信息产品许可人的电子控制权、信息产品许可人的主要义务和信息产品被许可人的正当使用义务等主要内容。

【案例分析 I 】

景荣实业有限公司已经注册了电子信箱(E-mail):jrsy@ jrsy. corn. on;衡阳木制品加工厂也注册了电子信箱(E-mail):h-ymz@ online. sh. on。某年 3 月 5 日上午,景荣实业有限公司给衡阳木制品加工厂发出要求购买其厂生产的办公家具的电子邮件一份,电子邮件中明确了如下内容:

①需要办公桌 8 张,椅子 16 张;

②要求在 3 月 12 日之前,将货送至景荣实业有限公司;

③总价格不高于 15 000 元。

电子邮件还对办公桌椅的尺寸、式样、颜色作了说明,并附了样图。

当天下午 3 时 35 分 18 秒,衡阳木制品加工厂也以电子邮件回复景荣实业有限公司,对景荣实业有限公司的要求全部认可。为对景荣实业有限公司负责起见,3月6日衡阳木制品加工厂还专门派人到景荣实业有限公司作了确认,但双方都没有签署任何书面文件。

同年3月11日,衡阳木制品加工厂将上述桌椅送至景荣实业有限公司。由于景荣实业有限公司已于10日以11 000元的价格购买了另一家工厂生产的办公桌椅,就以双方没有签署书面合同为由拒收。双方协商不成,3月16日衡阳木制品加工厂起诉至法院。

分析:以电子邮件方式订立的该合同有效吗?

【案例分析Ⅱ】

某年9月28日,西安海星现代科技股份有限公司(以下简称海星公司)与金贸网拍公司订立了委托拍卖合同书,由金贸网拍公司作为承办者,举办网络商品拍卖专场会,公开拍卖海星公司9台电脑,并可以从拍卖成交总价中收取5%~10%的佣金。上网拍卖的9台电脑中,型号为海星冲浪810D6400CRA电脑,保留价为7 290元;海星巨浪二号7500K7型电脑,保留价为13 000元;海星巨浪号7600K7电脑,保留价为198 000元。国安五龙公司则为电脑网络拍卖专场会的主办者。次日,金贸网拍公司通过中国商品交易拍卖市场的网站http://www.ccec.corn.on./awe向所有网络注册用户发出专场拍卖公告,在网页上展示了"海星电脑专场拍卖"的主拍师的情况、被拍卖物品的型号和数量,公示拍卖周期是该年10月6—10日,并附有竞买客户须知,但未展示保留价。不料此次网上拍卖所使用的软件程序发生故障,在公示的拍卖日期未到之前自行从启动阶段进入点击程序。该网站注册用户张岩在该年10月1—5日内通过网上竞拍报价,得到了拍卖软件程序的确认,其仅以1 000元、3 000元和5 750元的价格便购得前述3台电脑,均低于拍卖委托方海星公司的保留价,而拍卖网站在显示张岩的竞拍应价为最高应价并确认成交后,并未提示竞拍者的报价因低于保留价而无效。该年10月8日,张岩在网上看到已由其竞拍购得的3台海星电脑仍在继续拍卖,并有新的报价。为此,张岩在网站的用户留言板上留言,表示异议和不满,要求拍卖方给付相应的拍卖品。一周后,中国商品交易拍卖市场网站向张岩发来E-mail称,因拍卖软件系统更新,软件升级并由于使用IBM公司DBZ操作系统平台,致使新旧软件在交替过程中出现故障,造成拍卖系统错误地在拍卖起始日前进入点击程序,因而张岩的竞拍结果是误认,拍卖无效,深表歉意,愿派人登门致歉。但张岩却坚持要求拍卖方确认拍卖成交,尽快给付拍卖标的,购买拍卖的3台电脑货款计9 750元已汇到拍卖方。双方协商无果,故原告张岩将金贸网拍公司和国安五龙公司告上法庭。

　　在审理中,原告张岩诉称,被告金贸网拍公司、国安五龙公司作为海星电脑拍卖专场主办者,在拍卖时通过网上拍卖系统对原告的数次竞拍报价予以接受,并且已确认原告的报价为最高应价,故拍卖成交后两被告应立即给付已购得的3台电脑。但被告方现却以拍卖软件系统出现故障为由,拒不履行交付拍卖标的物的法定义务,已构成违约行为,诉请法院判令两被告给付3台电脑,承担本案的诉讼费。两被告辩称,作为海星电脑拍卖专场的主办者,公司已事先在网站上明确公示告知客户拍卖时间为该年10月6—10日,后因为所使用的拍卖软件系统出现故障,造成拍卖时间未到却自行启动拍卖,用户进入了点击竞买程序,但网上公开的拍卖时间始终未变。现考虑到确因使用拍卖软件系统故障影响了客户的竞买,我方可以接受所有网上用户10月5日前的报价。可原告张岩的竞买报价低于委托方的保留价,该竞买报价不具有法律上的效力。同时,公司亦未向对方发出确认的E-mail,拍卖不成交,恳请法院驳回原告张岩的诉讼请求。

　　北京市海淀区人民法院经审理认为《中华人民共和国拍卖法》(以下简称《拍卖法》)明文规定,竞买人的最高应价未达到委托方的保留价时,该应价不发生效力。在本案中,拍卖方金贸网拍公司虽对原告张岩的竞买价予与确认,但因其竞买价低于委托方海星公司的保留价,故法院认为该竞买价没有完全具备成为买受价的有效要件,原告张岩亦不能成为拍卖标的物的买受人,现其诉请金贸网拍公司与国安五龙公司履行给付计算机之义务不能支持。被告金贸网拍公司的拍卖软件系统发生故障,却已导致原告张岩在此次竞买之中产生"其应价已发生效力,拍卖成交的误解",依据我国民法通则的基本原则——公平原则,被告金贸网拍公司应承担致使原告张岩竞买无效的民事责任,返还已汇至该公司的购机款,并赔偿其相应损失。被告国安五龙公司作为此次拍卖的主办者亦负有与金贸网拍公司同等的连带民事责任。鉴于本案诉讼,原告张岩竞买无效本身无过错,完全系拍卖方拍卖软件程序故障所致,从而因诉讼引发的费用应由两被告负担;此外,因原告张岩诉称此次拍卖公告所显示的拍卖日期为该年10月1—5日未能提供证据,对此不予采信。依据我国《民法通则》第五十八条第一款第五项,第六十一条第一款,我国《拍卖法》第五十条判定原告张岩对其网上竞买的3台电脑的拍卖应价无效,驳回各项诉讼请求,同时判定两被告退还原告张岩所付的购机货款,并赔偿相应利息损失,案件受理费全部由被告方负担。原告张岩不服一审判决。

　　试结合拍卖中要约和承诺的特殊性及我国《民法通则》的有关精神,对此案进行评述。

【复习思考题】

　　1.与传统合同法相比,电子合同法具有哪些特征?

051

2. 简述电子合同法的适用范围。

3. 简述电子合同的有效要件。分析电子代理人、电脑故障、电子意思表示篡改的传递、通信失误等情况中的法律问题。

4. 试比较电子合同的订立程序同传统合同程序的异同。

5. 电子合同履行的原则有哪些?

6. 在我国《合同法》中对格式合同有哪些主要规定?

7. 论述信息产品交易中的双方权利及义务。

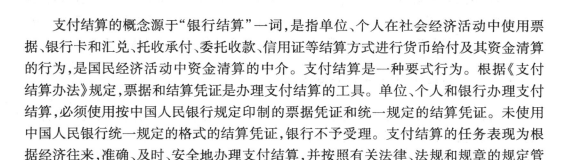

第4章
电子支付法律制度

【学习目标】

了解传统交易中支付结算法律制度;理解电子支付的意义和特殊性;熟悉电子支付的方式;掌握电子支付关系中各当事人的主要权利义务和相应的法律责任。

4.1 传统交易中支付结算法律制度

支付结算的概念源于"银行结算"一词,是指单位、个人在社会经济活动中使用票据、银行卡和汇兑、托收承付、委托收款、信用证等结算方式进行货币给付及其资金清算的行为,是国民经济活动中资金清算的中介。支付结算是一种要式行为。根据《支付结算办法》规定,票据和结算凭证是办理支付结算的工具。单位、个人和银行办理支付结算,必须使用按中国人民银行规定印制的票据凭证和统一规定的结算凭证。未使用中国人民银行统一规定的格式的结算凭证,银行不予受理。支付结算的任务表现为根据经济往来,准确、及时、安全地办理支付结算,并按照有关法律、法规和规章的规定管理支付结算,保障支付结算活动的正常运行。

为了规范支付结算工作,我国制定了一系列支付结算方面的法律、法规和部门规章,主要包括:《中华人民共和国票据法》《票据管理实施办法》《人民币银行结算账户管理办法》《银行卡业务管理办法》《支付结算办法》《国内信用证结算办法》《关于审理票据纠纷案件若干问题的规定》。

随着电子商务深入发展,第三方非金融机构支付业务的不断壮大,为规范其支付行为,防范支付风险,2010年6月中国人民银行公布了《非金融机构支付服务管理办法》;2015年12月28日,中国人民银行发布了《非银行支付机构网络支付业务管理办法》等。

4.1.1 支付结算的原则

支付结算原则是指单位、个人和银行在办理支付结算时必须遵守的准则。根据规定，支付结算应当遵循以下原则：

1）恪守信用，履约付款

恪守信用、履约付款，即各单位之间、单位与个人之间发生交易往来，通过银行办理结算，并根据各自的具体条件，自行协商订约，使收付双方办理款项收付完全建立在自觉自愿、相互信任的基础上。该原则要求结算当事人必须依法承担义务和行使权力，严格遵守信用，履行付款义务，特别是应当按照约定的付款金额和付款日期进行支付。

2）自主支配

谁的钱进谁的账、由谁支配，即银行在办理结算时必须尊重开户单位资金支配的自主权，做到谁的钱进谁的账，银行不代扣款项，以维护开户单位对资金的所有权或经营权，保证开户单位对其资金的自主支配。

3）银行不垫款

银行不垫款，即银行在办理结算过程中只负责将结算款项从付款单位账户划转到收款单位账户，银行不承担垫付任何款项的责任，以划清银行与开户单位的资金界限，保护银行资金的所有权或经营权，促使开户单位直接对自己的债权债务负责。

4.1.2 办理支付结算的基本要求

①银行、单位和个人办理支付结算必须遵守国家的法律、行政法规和《支付结算办法》的各项规定，不得损害社会公众利益。

②单位、个人和银行应当按照《人民币银行结算账户管理办法》的规定开立、使用账户。

③在银行开立存款账户的单位和个人办理支付结算，账户内必须有足够的资金保证支付。没有开立存款账户的个人向银行交付款项后，也可以通过银行办理支付结算。

④票据和结算凭证是办理支付结算的工具。单位、个人和银行办理支付结算必须使用按中国人民银行统一规定印刷的票据凭证和统一规定的结算凭证。使用未按中国人民银行统一规定印刷的票据，为无效票据；使用未按中国人民银行统一规定格式的结算凭证，银行不予受理。

⑤票据和结算凭证上的签章和其他记载事项应当真实，不得伪造、变造。票据和结算凭证上的签章，为签名、盖章或者签名加盖章；法人和其他单位在票据和结算凭证上的签章，为该法人或单位的公章或财务专用章，加其法定代表人或者其授权的代理人的

签名或者盖章。

⑥票据和结算凭证的金额、出票或者签发日期、收款人名称不得更改,更改的票据无效;更改的结算凭证,银行不予受理。

⑦票据和结算凭证金额以文字大写和阿拉伯数码同时记载,两者必须一致,否则票据无效,结算凭证银行不予受理。

⑧办理支付结算需要交验符合法律、行政法规以及国家有关规定的个人有效身份证件包括居民身份证、军官证、警官证、文职干部证、士兵证、户口簿、护照、港澳台同胞回乡证等身份证件。

⑨银行以善意且符合规定和正常操作程序审查,对伪造、变造的票据和结算凭证上的签章以及需要交验的个人有效身份证件,未发现异常而支付金额的,对出票人或付款人不再承担受委托付款的责任,对持票人或收款人不再承担付款的责任。

⑩银行依法为单位、个人在银行开立的账户保密,维护其资金的自主支配权。对单位、个人在银行的存款,除国家法律、行政法规另有规定外,银行不得为任何单位或者个人查询;除国家法律另有规定外,银行不代任何单位或者个人冻结、扣款,不得停止单位、个人存款的正常支付。

4.1.3　票据权利与义务

1)票据权利

票据权利是指票据持票人向票据债务人请求支付票据金额的权利,包括付款请求权和追索权。票据付款请求权是指持票人向汇票的承兑人、本票的出票人、支票的付款人出示票据要求付款的权利,是第一次权利,又称主票据权利。行使付款请求权的持票人可以是票载收款人或最后的被背书人;担负付款请求权付款义务的主要是主债务人。票据追索权是指票据当事人行使付款请求权遭到拒绝或有其他法定原因存在时,向其前手请求偿还票据金额及其他法定费用的权利,是第二次权利,又称偿还请求权利。行使追索权的当事人除票载收款人和最后被背书人外,还可能是代为清偿票据债务的保证人、背书人。

2)票据义务

票据义务是指票据债务人向持票人支付票据金额的责任。它是基于债务人特定的票据行为(如出票、背书、承兑等)而应承担的义务,不具有制裁性质,主要包括付款义务和偿还义务。实务中,票据债务人承担票据义务一般有4种情况:一是汇票承兑人因承兑而应承担付款义务;二是本票出票人因出票而承担自己付款的义务;三是支票付款人在与出票人有资金关系时承担付款义务;四是汇票、本票、支票的背书人,汇票、支票的出票人、保证人,在票据不获承兑或不获付款时的付款清偿义务。

4.1.4 票据行为

1）票据行为的含义和种类

票据行为是指票据关系的当事人之间以发生、变更或终止票据关系为目的而进行的法律行为。票据行为是在票据关系当事人之间进行的行为。票据当事人以发生票据债务为目的的，以在票据上签名或盖章为权利义务成立要件的法律行为，包括出票、背书、承兑和保证4种。

①出票。出票又称发票，主要是指出票人签发票据并将其交付给收款人的票据行为。出票包括两个行为：一是出票人依照《中华人民共和国票据法》（以下简称《票据法》）的规定做成票据，即在原始票据上记载法定事项并签章；二是交付票据，即将做成的票据交付给他人占有。这两者缺一不可。

②背书。背书是指收款人或持票人为将票据权利转让给他人或者将一定的票据权利授予他人行使而在票据背面或者粘单上记载有关事项并签章的行为。

③承兑。承兑是指汇票付款人承诺在汇票到期日支付汇票金额并签章的行为。

④保证。保证是指票据债务人以外的人，为担保特定债务人履行票据债务而在票据上记载有关事项并签章的行为。

2）票据行为的特征

票据行为是一种特定的法律行为，其特征：一是要式性，即票据行为必须依据《票据法》的规定在票据上记载法定事项并交付；二是无固性，即票据行为不因票据的基础关系无效或有瑕疵而受到影响；三是文义性，即票据行为的内容完全依据票据上记载的文义而定，即使其与实质关系的内容不一致，仍按票据上的记载而产生效力；四是独立性，即票据上的各个票据行为各自独立发生效力，不因其他票据行为的无效或有瑕疵而受到影响。

一般来讲，票据行为可以按两种方法分类。一种是按票据行为的效力不同分为基本票据行为和附属票据行为。基本票据行为是指创设的行为即出票行为，又称主票据行为；附属票据行为是指以出票行为的有效存在为前提所进行的行为，又称从票据行为。背书、承兑和保证都属于附属票据行为。另一种是按适用票据的不同，分为共有票据行为和独有票据行为。出票、背书为共有票据行为，而承兑是汇票独有票据行为，保证是汇票和本票的独有票据行为。

3）票据行为的要件

票据行为需要一定的要件，包括实质要件、形式要件两种。

（1）实质要件

指票据当事人须有法律上规定的权利能力和行为能力，真实的意思表示即不得损害社会的和公共的利益。其中当事人的权利能力一律平等，所有的法人和公民都有权进行票据行为，但公民还要具有相应的行为能力才能进行票据行为。根据《票据法》的规定，无民事行为能力人或者限制行为能力人在票据上签章的，其签章无效，但是这个无效不影响其他票据行为人签章的效力。此外，票据当事人的意思表示应当真实，并不得损害社会的和公共的利益，这是民事活动所必须遵循的一个原则，在进行票据行为时也不例外。

（2）形式要件

形式要件是指票据的格式由中国人民银行统一规定，票据的记载事项由《票据法》统一规定，分必须记载的事项、相对记载的事项和任意记载的事项 3 类。其中必须记载的事项指票据法规规定的，如票据种类、无条件接受的委托、金额、出票日期、出票人、付款人和收款人的签名盖章等。形式要件是票据行为所必需的，如果当事人的票据活动不符合形式要件的要求，就可能导致票据的无效或票据权利的丧失。

4.1.5　支付结算的种类及法律规定

1）银行汇票

银行汇票是指汇款人将款项交存当地银行，由银行签发给汇款人持往异地办理转账结算或提取现金，银行由其在见票时按照实际结算金额无条件支付给收款人或者持票人的票据。银行汇票是汇票的一种。在此种票据制度下，银行是票据的签发人，签发的条件是汇款人须将款项先存入银行，在存款之后或存款的同时通知银行将一定的款项转往指定的地点，并将汇票交给汇款人，后者持票往指定银行办理转账或提取现金。由于持票人已将款项存入银行，因此，其支付具有银行信用保证，是最可靠的支付工具，是商业购销活动中最受提供货物方欢迎的票据。

银行汇票的基本规定：

①各单位和个人在异地、同城或同一票据交换区域的各种款项结算都可运用银行汇票。银行汇票一律为记名汇票，由参加"全国联行往来"的银行或经中国人民银行批准的其他金融机构签发。

②银行汇票可以用于转账，也可以支取现金。但用于转账的银行汇票不得支取现金；支取现金的银行汇票必须在银行汇票上填明"现金"字样。银行汇票的付款地为代理付款人或出票人所在地。

③银行汇票的出票人在票据上的签章，应为经中国人民银行批准使用的该银行汇票专用章加其法定代表人或其授权的代理人的签名或者盖章。

④签发银行汇票必须记载：表明"银行汇票"的字样、无条件支付的承诺、出票金额、收款人名称、出票日期、出票人签章等。欠缺记载以上事项之一的，银行汇票无效。

⑤银行汇票的提示付款期限自出票日起 1 个月，其持票人超过付款期限提示付款的，代理付款银行不予受理。

⑥填明"现金"字样和代理付款人的银行汇票丧失，可以由失票人通知付款人或者代理付款人挂失止付；未填明"现金"字样和代理付款人的银行汇票丧失不得挂失止付。

2）商业汇票

商业汇票是指出票人签发的，委托付款人在指定日期无条件支付确定的金额给收款人或者持票人的票据。它是汇票的一种。商业汇票分为商业承兑汇票和银行承兑汇票。

商业汇票的基本规定：

①在银行开立存款账户的法人以及其他组织之间，具有真实的交易关系或债权债务关系，才能使用商业汇票，自然人不得使用商业汇票。商业汇票的付款人为承兑人，其付款地为承兑人所在地。

②签发商业汇票必须记载：表明"商业承兑汇票"或"银行承兑汇票"的字样、无条件支付的委托、确定的金额、付款人名称、收款人名称、出票日期、出票人签章。欠缺记载上述事项之一的，商业汇票无效。

商业汇票上的出票人的签章，为该法人或者该单位的财务专用章或者公章加其法定代表人、单位负责人或者授权的代理人的签名或者盖章。

③出票人不得签发无对价的商业汇票用以骗取银行或其他票据当事人的资金。

④商业汇票可以在出票时向付款人提示承兑后使用，也可以在出票后先使用再向付款人提示承兑。定日付款或者出票后定期付款的商业汇票，持票人应当在汇票到期日前向付款人提示承兑。见票后定期付款的汇票，持票人应当自出票之日起 1 个月内向付款人提示承兑。汇票未按照规定期限提示承兑的，持票人丧失对其前手的追索权。

⑤商业汇票的付款人接到出票人或持票人向其提示承兑的汇票时，应当向出票人或持票人签发收到汇票的回单，记明汇票提示承兑日期并签章。付款人应当自收到提示承兑的汇票之日起 3 日内承兑或者拒绝承兑。付款人拒绝承兑的，必须出具拒绝承兑的证明。

⑥商业汇票的承兑银行，必须具备 3 个条件：a. 与出票人具有真实的委托付款关系；b. 具有支付汇票金额的可靠资金；c. 内部管理完善，经其法人授权的银行审定。

⑦付款人承兑商业汇票，应当在汇票正面记载"承兑"字样和承兑日期并签章；不得附有条件；承兑附有条件的，视为拒绝承兑。

⑧商业汇票的付款期限,最长不得超过 6 个月。定日付款的汇票付款期限自出票日起计算,并在汇票上记载具体的到期日;出票后定期付款的汇票付款期限自出票日起按月计算,并在汇票上记载;见票后定期付款的汇票付款期限自承兑或拒绝承兑日起按月计算,并在汇票上记载。

⑨商业汇票的提示付款期限为自汇票到期日起 10 日内。持票人应在提示付款期限内通过开户银行委托收款或直接向付款人提示付款。持票人超过提示付款期限提示付款的,开户银行不予受理。

⑩存款人领购商业汇票,必须填写"票据和结算凭证领用单"并签章,签章应与预留于银行的签章相符。存款账户结清时,必须将全部剩余空白商业汇票交回银行注销。在票据实务中,应当坚持不向出票人出售银行承兑汇票。

3)银行本票

银行本票是指由银行签发的,承诺自己在见票时无条件支付票据金额给收款人或持票人的票据。

银行本票的基本规定:

①凡单位和个人在同一票据交换区域需要支付各种款项时,均可以使用银行本票。

②银行本票可以用于转账,注明"现金"字样的银行本票可以用于支取现金,其付款地为出票人所在地。

③银行本票分为不定额本票和定额本票两种。定额本票面额分别为 1 000 元、5 000 元、10 000 元和 50 000 元 4 种。

④银行本票的出票人,为经中国人民银行当地分支行批准办理银行本票业务的银行机构。签发银行本票必须记载:表明"银行本票"的字样、无条件支付的承诺、确定的金额、收款人名称、出票日期和出票人签章。欠缺其中任何一项的银行本票都为无效。

银行本票上的出票人的签章,为该银行的本票专用章加其法定代表人或者其授权的代理人的签名或者盖章。

⑤银行本票的提示付款期限自出票日起最长不得超过两个月。持票人超过付款期限提示付款的,代理付款人不予受理。银行本票的代理付款人是代理出票人审核支付银行本票款项的银行。

⑥银行本票丧失,失票人可以凭人民法院出具的其享有票据权利的证明,向出票银行请求付款或退款。未填明"现金"字样的银行本票丧失不得挂失止付。

4)支票

支票是指出票人签发的,委托办理支票存款业务的银行在见票时无条件支付确定的金额给收款人或者持票人的票据。支票的基本当事人包括出票人、付款人和收款人。出票人即存款人,是在中国人民银行当地分行支行批准办理支票业务的银行机构开立可以使用支票的存款账户的单位和个人,付款人是出票人的开户银行,持票人是票面上填明的收款人,也可以是经背书转让的被背书人。

支票的基本规定:

①单位和个人在同一票据交换区域的各种款项结算,均可使用支票,而且在同一票据交换区域内可以进行背书转让。支票的付款地为付款人所在地。

②支票分为现金支票、转账支票和普通支票3种。现金支票只能用于支取现金,不得背书转让;转账支票只能用于转账,不得支取现金;普通支票,既可以用于支取现金,也可用于转账。

③签发支票必须记载:表明"支票"的字样、无条件支付的委托、确定的金额、付款人名称、出票日期、出票人签章。缺少以上记载事项之一的,支票无效。支票的金额、收款人名称,可由出票人授权补记,未补记前不得背书转让和提示付款。

支票上出票人的签章,出票人为单位的,为与该单位在银行预留签章一致的财务专用章或者公章加其法定代表人或者其授权的代理人的签名或者盖章;出票人为个人的,为与该个人在银行预留签章一致的签名或者盖章。

④支票的提示付款期限为自出票日起10日内。超过提示付款期限提示付款的,持票人开户银行不予受理,付款人不予付款。

5)银行卡

银行卡是指商业银行向社会发行的具有消费信用、转账结算、存取现金等全部或部分功能的信用支付工具。1999年1月5日中国人民银行发布的《银行卡业务管理办法》,对包括信用卡在内的银行卡业务进行了具体规范,同时废止了1996年发布的《信用卡业务管理办法》。根据《银行卡业务管理办法》和《支付结算办法》中有关信用卡的规定,现对银行卡(包括信用卡)的基本规定和办理、使用作如下介绍:

①银行卡包括信用卡和借记卡。信用卡按是否向发卡银行交存备用金分为贷记卡、准贷记卡两类。贷记卡是指发卡银行给予持卡人一定的信用额度,持卡人可在信用额度内先消费、后还款的信用卡;准贷记卡是指持卡人须先按发卡银行要求交存一定金额的备用金,当备用金账户余额不足支付时,可在发卡银行规定的信用额度内透支的信用卡。借记卡按功能不同分为转账卡(含储蓄卡)、专用卡、储值卡。借记卡不具备透支功能。转账卡是实时扣账的借记卡,具有转账结算、存取现金和消费功能;专用卡是具有专门用途、在特定区域使用的借记卡,具有转账结算和存取现金的功能;储值卡是发卡银行根据持卡人要求将其资金转至卡内储存,交易时直接从卡内扣款的预付钱包式借记卡。另外,银行卡按币种不同又可分为人民币卡、外币卡;按发行对象不同可分为单位卡(商务卡)、个人卡;按信息载体不同可分为磁条卡、芯片(IC)卡。

②银行卡的计息包括计收利息和计付利息。准贷记卡及借记卡(不含储值卡)账

户内的存款,按照中国人民银行规定的同期同档次存款利率及计息办法计付利息;贷记卡账户的存款、储值卡(含 L 卡的电子钱包)内的币值不计付利息。

③贷记卡持卡人非现金交易可享受免息还款期待遇和最低还款额待遇等优惠。

④银行卡及其账户仅限经发卡银行批准的持卡人本人使用,不得出租和转借。

6)汇兑

汇兑是指汇款人委托银行将其款项支付给收款人的结算方式。汇兑便于汇款人向收款人主动付款。汇兑分为信汇、电汇两种方式。信汇是以邮寄方式将汇款凭证转给外地收款人指定的汇入行;而电汇是以电报方式将汇款凭证转发给收款人指定的汇入行。后者的速度比前者快,汇款人可根据实际选择使用。单位和个人的各种款项结算,都可使用汇兑结算方式。

7)托收承付

托收承付,亦称异地托收承付,是指根据购销合同由收款人发货后委托银行向异地付款人收取款项,由付款人向银行承认付款的结算方式。

托收承付的基本规定:

①使用托收承付结算方式的收款单位和付款单位,必须是国有企业、供销合作社以及经营管理较好并经开户银行审查同意的城乡集体所有制工业企业。

②办理托收承付结算的款项必须是商品交易,以及因商品交易而产生的劳务供应的款项。代销、寄销、赊销商品的款项不得办理托收承付结算。

③收付双方使用托收承付结算必须签有符合《经济合同法》的购销合同,并在合同中订明使用托收承付结算方式。

收付双方办理托收承付结算,必须重合同、守信用。收款人对同一付款人发货托收累计 3 次收不回货款的,收款人开户银行应暂停收款人向该付款人办理托收;付款人累计 3 次提出无理拒付的,付款人开户银行应暂停其向外办理托收。

④托收承付结算每笔金额起点为 1 万元。新华书店系统每笔的金额起点为 1 千元。

⑤托收承付结算款项的划回方法,分邮寄和电报两种,由收款人选用。

⑥签发托收承付凭证必须记载下列事项:表明"托收承付"的字样;确定的金额;付款人名称及账号;收款人名称及账号;付款人开户银行名称;收款人开户银行名称;托收附寄单证张数或册数;合同名称、号码;委托日期;收款人签章。托收承付凭证上欠缺记载上列事项之一的,缺银行不予受理。

⑦收款人办理托收承付必须具有商品确已发运的证件(包括铁路、航运、公路等运输部门签发的运单,运单副本和邮局包裹回执)。特殊情况下没有发运证件,同时符合《支付与结算办法》托收承付规定情况的可凭其他有关证件办理托收承付。

8）委托收款

委托收款是指收款人委托银行向付款人收取款项的结算方式。

委托收款的基本规定：

①单位和个人凭已承兑的商业汇票、债券、存单等付款人债务证明办理款项的结算,都可使用委托收款结算方式。委托收款在同城、异地都可使用。

②委托收款结算款项的划回方式,分为邮寄和电报两种,由收款人选用。

③签发委托收款凭证必须记载下列事项:表明"委托收款"字样;确定的金额;付款人名称;收款人名称;委托收款凭据名称及附寄单证张数;委托日期;收款人签章。欠缺记载上列事项之一的,银行不予受理。

④委托收款以银行以外的单位为付款人的,委托收款凭证必须记载付款人开户银行名称;以银行以外的单位或在银行开立存款账户的个人为收款人的,委托收款凭证必须记载收款人开户银行名称;未在银行开立存款账户的个人为收款人的,委托收款凭证必须记载被委托银行名称。欠缺记载的,银行不予受理。

9）国内信用证

为更好地适应国内贸易发展需要,促进国内信用证业务健康发展,2016 年中国人民银行、中国银行业监督管理委员会修订了《国内信用证结算办法》。国内信用证(以下简称信用证),是指银行(包括政策性银行、商业银行、农村合作银行、村镇银行和农村信用社)依照申请人的申请开立的、对相符交单予以付款的承诺。国内信用证是以人民币计价、不可撤销的跟单信用证。不可撤销信用证是指信用证开具后在有效期内,非经信用证各有关当事人(即开证银行、开证申请人和受益人)的同意,开证银行不得修改或者撤销的信用证。

信用证的基本规定:

①信用证结算方式适用于银行为国内企事业单位之间货物和服务贸易提供的信用证服务。服务贸易包括但不限于运输、旅游、咨询、通信、建筑、保险、金融、计算机和信息、专有权利使用和特许、广告宣传、电影音像等服务项目。

②信用证业务的各方当事人应当遵守中华人民共和国的法律、法规以及《国内信用证结算办法》的规定,遵守诚实信用原则,认真履行义务,不得利用信用证进行欺诈等违法犯罪活动,不得损害社会公共利益。

③信用证的开立和转让,应当具有真实的贸易背景。

④信用证只限于转账结算,不得支取现金。

⑤信用证与作为其依据的贸易合同相互独立,即使信用证含有对此类合同的任何援引,银行也与该合同无关,且不受其约束。银行对信用证作出的付款、确认到期付款、议付或履行信用证项下其他义务的承诺,不受申请人与开证行、申请人与受益人之间关

系而产生的任何请求或抗辩的制约。受益人在任何情况下,不得利用银行之间或申请人与开证行之间的契约关系。

⑥在信用证业务中,银行处理的是单据,而不是单据所涉及的货物或服务。

4.1.6　支付结算纪律

根据《支付结算办法》及有关规定,办理支付结算的单位和个人必须遵守下列结算纪律:不准签发没有资金保证的票据或远期支票,套取银行信用;不准签发、取得和转让没有真实交易和债权债务的票据,套取银行和他人资金;不准无理拒绝付款,任意占用他人资金;不准违反规定开立和使用账户。

4.2　电子支付的概念和方式

4.2.1　电子支付的概念

电子支付是指以计算机及网络为手段,将负载有特定信息的电子数据取代传统的支付工具用于资金流转,并具有实时支付效力的一种支付方式。在线电子支付和电子商务密不可分,是电子商务得以进行的基础条件。在线电子支付具有如下特征:

①在线电子支付采用先进的技术通过电子数据流转来完成信息传输,其各种支付方式都采用数字化的方式进行款项支付;

②在线电子支付的工作环境是一个开放的系统平台;

③在线电子支付具有低成本性和高效性,传统纸币和硬币的发行成本和流通成本都要比在线电子支付高得多;

④在线电子支付涉及许多参与人,包括消费者、商家、金融机构、认证机构等,这使得在线电子支付法律关系变得异常复杂。

4.2.2　电子支付的方式

在传统商务活动中,支付的工具有两种:一是现金;二是票据。随着金融电子化的推进,信用卡等电子支付手段也被应用于传统的经济往来中。在电子商务环境下,人们进一步推进支付电子化、自动化,出现了一系列的电子支付工具,这些支付手段主要有:智能卡、电子现金、电子钱包和电子支票。因此,电子支付方式大致可以分为3类:以信用卡为基础的支付、电子支票和电子货币。

1）信用卡为基础的电子支付

信用卡是银行或金融公司发行的，授权持卡人在指定的商店或场所进行记账消费的信用凭证。信用卡具有转账结算功能、消费借贷功能、储蓄功能和汇兑功能。通过全国联网的信用卡支付系统或互联网，银行为信用卡用户提供不限地域存取现金、支付、结算服务，是现代社会应用最为广泛的支付工具。

信用卡支付关系一般涉及持卡人（买方）、商家（卖方）、发卡人（信用卡公司或银行）和银行。在线信用卡支付流程是：持卡人就其所传送的信息先进行电子签字加密，然后将信息本身、电子签字经 CA 认证机构的认证后，连同电子证书等一并传送至商家。

2）电子支票

电子支票是一种借鉴纸张支票转移支付的优点，利用数字传递将钱款从一个账户转移到另一个账户的电子付款形式。这种电子支票的支付是在与商家及银行相连的网络上以密码方式传递的，多数使用公用关键字加密签字或个人身份证号码（PIN）代替手写签字。用电子支票支付，事务处理费用较低，而且银行也能为参与电子商务的商家提供标准化的资金信息，因此可能是最有效率的支付手段。

在电子支票方式支付中，买方通过计算机从金融机构那里获得一个电子方式的付款证明，这个以电子流为表现形式的付款证明表明买方账户中欠金融机构的钱，买方把这个付款证明交给卖方，卖方再转交给金融机构，整个处理过程如同传统的支票。

今后电子支票支付发展的方向是，逐步过渡到国际互联网络上进行传输，即采用电子资金转账（EFT）或网上银行（Electronic banking）方式。所谓 EFT 是指客户在网上交易后，通过其银行内账户的存款，将货款以资金划拨方式付给商店受托银行，这种方式实际上是将传统的银行转账应用到公共网络上进行的资金转账。为了确保资金划拨和个人信息的安全，整个过程也需要加密、认证等安全措施。

3）电子现金或数字货币

电子现金是一种以数据形式流通的货币。它把现金数值转换成为一系列的加密序列数，通过这些序列数来表示现实中各种金额的币值，用户在开展电子现金业务的银行开设账户并在账户内存钱后，就可以在接受电子现金的商店购物了。电子现金的优势在于完全脱离实物载体，使得用户在支付过程中更加方便。

从目前支持电子现金的要件不同来区分，电子现金可分为两类：智能卡和电子钱包。

智能卡是 20 世纪 70 年代中期在法国问世的，是一种内部嵌入了集成电路、类似信用卡大小的电子卡。智能卡提供了一种简便的方法，可用来存储和解释私人密钥和证书，并且非常容易携带。智能卡是目前最常用的电子货币，可在商场、饭店、车站、互联网等许多场所使用,可采用刷卡记账、POS 结账、ATM 提取现金、网上结算等方式进行支付。

电子钱包是一种只需要软件支持的电子现金支付方式。实质上它是发行者、商家和消费者之间按照一定协议运行的电子支付系统,它由后端服务器软件——电子现金支付系统和客户端的钱包软件执行系统组成。故所谓的电子钱包是一个可以由持卡人用来进行安全电子交易和储存交易记录的软件,就像生活中随身携带的钱包一样。它是电子商务活动中购物或小额消费常用的一种支付工具。

电子货币方式与信用卡等转账卡的最大区别是后者本身并不代表资金,需要在卡片使用后经过对其指定账户的信息处理才能完成交易,而智能卡、电子现金等电子货币本身就代表资金,它在支付时是被当作现金货币使用的,不需再指向其他资金源,如银行账户。

4.3　电子支付各方当事人的权利和义务

4.3.1　电子支付的有关当事人

传统票据支付当事人也称票据法律关系主体,是指在票据法律关系中,享有票据权利、承担票据义务的主体。票据当事人可分为基本当事人和非基本当事人。基本当事人是指在票据做成和交付时就业已存在的当事人,是构成票据法律关系的必要主体,包括出票人、付款人和收款人三种;非基本当事人是指在票据做成并交付后,通过一定的票据行为加入票据关系而享有一定权利、义务的当事人,包括承兑人、背书人、被背书人、保证人等。

电子支付法律关系的当事人一般有付款人、受款人和金融机构,如果是在线电子支付,当事人通常还包括认证机构。因此,广义上,电子支付涉及的当事人有以下四方:

1)付款人

电子支付中的付款人,通常为消费者或买方,其与商家、金融机构(银行)间存在两个相互独立的合同关系:一是消费者与商家订立的买卖合同关系;二是消费者与银行间的金融服务合同关系。

2)受款人

受款人即接受付款的人,通常为商家或卖方。在电子支付中,受款人同样也存在两个相互独立的合同关系:一是与消费者的买卖合同关系;二是与金融机构(银行)的金融服务合同关系。

3）金融机构（银行）

金融机构（银行）是电子支付中的信用中介、支付中介和结算中介，其支付的依据是基于银行与电子交易客户所订立的金融服务协议或者是基于委托代理关系。在电子支付系统中，银行同时扮演发送银行和接受银行的角色。

4）认证机构（CA）

在在线电子支付中，认证机构为参与电子商务各方的各种认证要求提供证书服务，建立彼此的信任机制，使交易及支付各方能够确认其他各方的身份。一方面，认证机构不仅要对进行电子商务的各方负责，而且还要对整个电子商务的交易秩序负责；另一方面，买卖双方又有义务接受认证机构的监督管理。认证机构的内容详见相关章节。

4.3.2　商家在电子支付中的权利和义务

商家在电子支付中一般扮演受款人的角色，在电子支付中具有特别的法律地位。在电子支付法律关系中，受款人虽然是一方当事人，但由于他与指令人、接受银行并不存在支付合同上的权利义务关系，因此受款人不能基于电子支付行为向指令人或接受银行主张权利，受款人只是基于和付款人之间基础法律关系与付款人存在电子支付权利义务关系。在这一点上反映出电子支付与票据支付法律关系类似。

商家在电子支付中享有两项基本的权利：

①得到支付的权利，即商家根据其与消费者订立的买卖合同享有通过电子方式得到支付的权利；

②得到通知的权利，即商家根据消费者与银行间的金融服务合同享有从金融机构处得到通知的权利。

4.3.3　金融机构在电子支付中的权利和义务

1）金融机构（银行）在电子支付中的权利

①接受或拒绝支付指令。在电子支付中，金融机构（银行）可以接受指令人的支付指令，也可以拒绝支付指令，或者要求指令人修正其发出的无法执行的、不符合规定程序和要求的指令。例如在银行不了解付款人，同时也未持有来自付款人的存款时，便可以拒绝付款人发出的支付指令。银行决定接受还是拒绝支付命令在一定程度上是一种判断信用的过程。

②要求付款人或指令人按时支付所指令的资金并承担因支付而发生的费用。

③只要能证明由于指令人的过错而致使其他人假冒指令人通过了安全程序和认证

程序,就有权要求指令人承担指令引起的后果。

2)金融机构(银行)在电子支付中的义务

(1)审查客户的指示是否为一项合法、有效的支付指令,支付方式是否正确

银行有义务审查客户的指示是否为一项合法、有效的支付指令,支付方式是否正确,从而决定是否接收该项指令。银行行使审查义务的目的是:①对该指令予以认证,鉴别发出支付指令客户的身份的真实性,即证实支付命令或修改或取消支付命令的信息是客户发出的;②检测支付命令或信息在传送过程中或在内容上是否存在错误。

(2)按照指令人的指令完成资金支付

金融机构在得到消费者的适当指令进行电子支付并对该指令的合法性和有效性进行审查后,如果金融机构决定接受该指令,则应根据消费者的账户条件以正确的金额和适时的方式完成资金支付。除系统故障和其他不可抗力之外,金融机构应当就未按照消费者的指令完成资金支付给消费者造成的全部直接损失向消费者承担责任。如果金融机构能够证明未按照消费者的指令完成资金支付是由于系统故障或者金融机构所不能控制的其他情况所引起,则金融机构可以免除其责任。

(3)信息公开和详尽告知的义务

在电子支付中,银行有义务以易于理解的词句和形式向消费者公开信息,揭示电子支付的程序、后果、操作要领以及系统风险。这些披露的信息必须是能够确保消费者在判定是否通过电子方式传输其金钱时所需要的基本信息,而且可以使消费者更好地理解其权利和义务,选择适当的支付方式,以及在发生问题时如何更好地保护自己的利益。

我国的《银行卡业务管理办法》规定得非常具体周到,达到了"充分公开"以保护消费者利益的要求。《银行卡业务管理办法》规定:

①发卡银行应当向银行卡申请人提供有关银行卡的使用说明资料,包括章程、使用说明及收费标准。现有持卡人亦可索取上述资料。

②发卡银行应当设立针对银行卡服务的公平、有效的投诉制度,并公开投诉程序和投诉电话。发卡银行对持卡人关于账务情况的查询和改正要求应当在 30 天内给予答复。

③发卡银行应当向持卡人提供对账服务。按月向持卡人提供账户结单。

④发卡银行向持卡人提供的银行卡对账单应包括交易金额、账户余额等 6 项详细内容。

⑤发卡银行应当在有关卡的章程或使用说明中向持卡人说明密码的重要性及丢失的责任。

⑥发卡银行对持卡人的资信资料负有保密的责任。

这些规定充分体现了消费者进行"金融消费"的知情权。

（4）建立并遵守电子支付的安全程序

为了防止未经授权的人向银行传送电子信息，通常的做法是银行和客户约定建立安全程序。所谓安全程序是指在客户与银行约定使用的密码或其他有效的身份认证手段，如现阶段普遍使用的 SSL 和 SET 程序。

在一般情况下，客户只对经过其授权的支付指令负责。如果银行能够证明其建立的安全程序具备商业上的合理性和其已经严格遵守了该安全程序，则客户承担未经授权的支付指令造成的损失，即使客户事实上没有发出支付指令也要对指令后果承担责任。

（5）保留电子支付过程中相关的交易记录

国内外有关电子支付和电子货币的立法均将保留电子支付中相关的交易记录规定为金融机构的一项基本义务。将电子支付中相关的交易记录予以保存可以方便金融机构修正交易错误。如果电子支付的当事人发生争议，这些记录在法律程序中能够作为证据使用。

（6）回赎其发行的电子货币

作为电子货币的发行人，金融机构有义务按照与持有者之间合约所载明的回赎条件，在有效期内以法定的或者某种可以自由兑换的铸币和纸币赎回电子货币，并且除操作中必须之外免费将资金划入电子货币持有人账户中。

4.3.4　消费者在电子支付中的权利和义务

1）消费者在电子支付中的权利

消费者有权要求接受银行按照指令的时间及时将指定的金额支付给指定的收款人，如果接受银行没有按指令完成义务，消费者有权要求其承担违约责任，赔偿因此造成的损失。

2）消费者在电子支付中的义务

消费者在电子支付中的义务可以归纳为以下几项：

①签发正确的支付指令，并按照接受金融机构的程序，检查指令有无错误和歧义，并有义务发出修正指令，修改错误或有歧义的指令。

②支付的义务。即一旦向接受银行发出指令后，自身也受其指令的约束，承担从其指定账户付款的义务。

③在符合商业惯例的情况下，接受认证机构的认证的义务。

④不得以易于识别的方式记录其个人识别码或其他密码的义务。

⑤挂失和通知的义务。消费者在知晓下列情况时应当立即通知发行者或发行者授

权的人:电子支付工具或电子支付工具使用方式丢失或被窃;其账户上出现未经授权的交易记录或者其他异常情况。

本章小结

支付结算的任务表现为根据经济往来,准确、及时、安全地办理支付结算,并按照有关法律、法规和规章的规定管理支付结算,保障支付结算活动的正常运行。

传统支付结算种类包括银行汇票、商业汇票、银行本票、支票、银行卡、汇兑、托收承付、委托收款和国内信用证。

电子支付是指以计算机及网络为手段,将负载有特定信息的电子数据取代传统的支付工具用于资金流转,并具有实时支付效力的一种支付方式。

随着金融电子化的推进,信用卡等电子支付手段也被应用于传统的经济往来中。在电子商务环境下,人们进一步推进支付电子化、自动化,出现了一系列的电子支付工具,这些支付手段大致有:智能卡、电子现金、电子钱包和电子支票。因此,电子支付方式大致可以分为 3 类:以信用卡为基础的支付,电子支票和电子货币。

电子支付法律关系的当事人一般有付款人、受款人和金融机构,如果是在线电子支付,当事人通常还包括认证机构。这些当事人分别享有各自的权利并承担相应的义务。

【案例分析】

互联网技术进步和应用的普及不但改变着人们的生活方式、生产方式,更重要的是深刻地改变着人们的思维方式和行为方式。在这样的背景下,许多行业和市场都发生着巨大变革,引起社会广泛关注。发生在支付领域和支付市场的一系列变革,也是其中很重要的组成部分。正确认识这一系列变革,以及发展趋势和由此带来的影响,对未来支付市场发展,对更好地发挥支付服务经济金融和社会生活有着积极意义。

一、支付的价值将超越支付本身。传统支付的作用,是为了交易双方最终完成交易而进行的付款人对收款人的货币债权转移。在这一过程中,银行作为支付中介,其目的单一,所掌握的信息十分有限。在互联网时代,特别是为满足电子商务快速发展的需要,支付的目的虽然没有发生实质改变,但支付活动所能够掌握的客户信息、交易信息等各类信息大大增加,使得支付的价值不再局限于支付本身,支付的基础功能被急剧放大。通过对这些数据信息的收集、整理、分析,能够对客户信用、行为、爱好等进行全面了解和掌握,从而为其他业务提供必要的基础性支撑,为支付服务提供者有针对性地营销客户、维护客户、推销产品和服务等提供有效保障。现在,许多商业银行已经或正在筹划建立电子商务平台。如果银行"触电"的目的,仅仅是为了增强客户黏性,为客户提供增值服务,或者借此拓展本行的支付结算等中间业务,那么这个电子商务平台最终成功的概率不会太大。能够充分利用为电子商务平台提供的支付服务等各类功能,重视对可以获取数据的挖掘和利用,才是银行电子商务平台的真正价值所在。

二、支付的变革将有助于改善银行服务。从支付角度看,非金融支付服务机构的诞生和发展,值得银行这一传统支付服务提供者进行深刻的反思。这其中有银行未能及时把握市场变化、技术发展等因素,但并不能简单归结为银行在支付领域不作为。比较客观的看法是在支付服务领域,技术进步带来的长尾理论的实践。支付服务是银行中间业务的重要组成部分,是其他各类业务的基础。但是由于技术条件所限,根据成本效益原则,银行不可能顾及其所有客户,为他们提供全面的支付服务。也正因如此,非金融支付服务机构才得以产生和发展。在互联网时代,技术进步使得银行有能力和条件,去顾及原来难以顾及的更多客户的支付服务需要。市场细分、客户细分、服务细分变得更有条件。因此,不同规模的银行可以根据自身战略定位,提供更加差异化的支付服务和其他金融服务。同时,这种差异化服务的实现,也将有助于普惠金融体系的完善。当然,其中关键还在于银行管理者的经营理念,能不能具备互联网应用带来的观念上的转变。另一方面,总体上看,在银行支付服务差异化进程中,非金融支付服务机构还将处于补充地位,二者是竞争与合作关系。未来支付服务市场的主导者还将是银行,因为面对互联网发展,银行也会变,也在变。实际上,回顾历史,我们不难发现,包括银行在内的金融企业对新技术应用的广度和深度,从来都是积极和卓有成效的。

三、无卡化趋势将进一步加快。随着电子支付方式发展,在零售支付领域,支付工具由纸基迅速向卡基转变。但随着互联网时代来临,银行卡为主要表现形式的卡基支付工具正在走向顶峰。尽管新兴的网络支付还难以完全摆脱银行卡独立存在,但其依赖性正随着无卡支付的发展而降低。并且由于技术进步,速度在不断加快。支付工具的多样化和无卡化趋势,可能需要支付服务提供者将其注意力转移到账户服务本身,并由此去考虑业务创新、产品创新和安全机制。大家热议中的所谓互联网金融,最典型的特征之一是金融"脱媒",但就互联网支付而言,"脱媒"将是一个十分漫长的过程。其中一个重要原因,就是银行账户服务。因为无论哪一种支付工具和支付方式,最初和最终的资金转移都必须通过银行才能完成。除非现行的法定货币发行权和货币发行机制被彻底改变,或者支付机构依法转变为银行。当然,非金融支付服务机构通过提供支付账户服务,在有限范围内和一定程度上还是实现了支付"脱媒"。正因如此,才形成了支付机构与银行在支付市场的竞争。

　　四、移动支付将主导未来零售电子支付发展方向。移动通信终端设备和移动通信技术发展的速度,大家已经深有感触,我们都是这部分历史的见证者。从模拟终端到数字终端,再到现在的智能终端,以及现在智能终端升级换代的速度和移动终端的普及程度,其发展速度远远超乎人们的想象。手机从20世纪80年代的奢侈品,到现在已经成为几乎每个人的日常必需品。而每一部手机都可能成为一个移动支付工具。面对互联网时代人们生活的碎片化,随机性交易不断增加,也只有移动支付能够满足这种特殊条件下的支付需要。随着现代移动通信技术和移动互联网发展,移动支付的基础将越加牢固,从而使可能更容易变为现实。同时,移动支付所能够带来的价值附加,将又远甚于互联网支付。

　　五、安全与便捷的矛盾将更加突出。对安全性和便利性的追求,从来都是支付的目标,也是人们支付活动中所特别关注的两大问题。至少从目前来看,银行和非金融支付服务机构面对其产品设计和创新时,在理念上存在较大差异。银行考虑的因素中,安全性是首要的,并且这一理念贯穿着产品设计的全过程,并由此对产品设计、推出的速度,以及客户体验等产生一定影响。而非金融支付服务机构首先考虑的是便捷性和客户体验等因素,因此对市场反应速度较快,并且其产品容易被客户接受。互联网时代,大家对便捷要求更高,但对安全顾虑也更多了。如何处理好这二者之间的关系是支付服务提供者无法回避的难题,对互联网支付而言又至关重要。强调安全,必然要以牺牲便捷为代价。强调便捷,也将以牺牲安全为代价。在二者之间尽力寻找一个平衡点的同时,支付服务提供者需要特别关注的是对风险控制和风险补偿机制的建设。强调安全,不是一点损失都不发生,不是一点风险事件都不能承受。关键是有能力去管理风险,特别是对客户资金风险、信息风险、信用风险的管理。

　　互联网时代的支付变革,其影响不仅限于对支付服务提供者,监管者同样面临很大挑战。以对待传统支付监督管理的理念和方法来监督管理新兴支付服务市场,显然行不通。面对新兴支付服务市场发展,监管者首先需要有宽容、谨慎的理念,要相信市场、依靠市场、尊重市场、关注市场,要以保护消费者权益和市场公平为重点,而不是着力于去监督某一个支付产品或某一种支付方式。应当谨慎对待市场创新,多观察、多研究,看准问题提出规范和措施,建立和不断完善相关法规制度体系。同时,监管者还应该发挥支付服务组织者、推动者和引导者作用,协调包括政府部门和相关市场参与者在内的有关各方,为支付服务创新、支付产品创新和支付市场创新提供有效保障。

　　分析:结合上述材料与我国电子支付立法现状,谈谈我国电子支付立法急需解决的重点问题。

【复习思考题】

　　1.银行支付结算的原则有哪些?

2. 简述支付结算的种类及相应法律规定。

3. 在线电子支付具有哪些特征?

4. 电子支付的形式与传统电子支付的形式有何不同?

5. 电子支付中有哪些当事人? 其相互关系如何?

6. 试述电子支付中各当事人的主要权利和义务。

第5章
电子签名与认证法律制度

【学习目标】

理解电子签名与认证法律制度的意义；了解电子签名与认证法律制度的立法现状；熟悉电子签名与认证法律制度所涉及的主要问题；掌握电子签名可靠性的要求和各签名或认证当事人的权利、义务及法律责任；掌握和电子认证证书有关的法律规定。

5.1　电子签名法律制度

5.1.1　电子签名的含义

从民商法上看，签名虽然不是法律行为的必要条件，但它是构成要式的或特约的法律行为的重要因素。当法律规定或当事人约定，以签名作为法律行为的生效要件时，签名就成了该法律行为的决定因素之一。

联合国欧洲经济委员会工作组在一份题为"签名以外方式的贸易文件认证"的报告中称："贸易文件上的签名，主要有三项功能：一是能表明文件的来源，即签名者；二是能表明签字者已确认文件的内容；三是能构成证明签字者对文件内容正确性和完整性负责的证据。"该文件题目中所用的"认证"一词，是指"证明，证实"。签名所证实的是：①对方当事人所期望的人，即有权或获得授权而为法律行为的人亲自到场。签名的个人亲自表示的特征，使之成为"独特的认证者"；②其意愿，即以签名表达了承认文件的内容，以及愿意受之约束的意愿。

计算机网络、电子支付系统和自动化交易系统的广泛应用，使得电子签名问题显得越来越突出。因为在许多应用系统中，电子签名问题不解决，交易安全无法保障，实际上就不具有应用价值。这也是电子签名问题，成为电子商务中的重要的技术与法律问题的原因所在。

《中华人民共和国电子签名法》(以下简称《电子签名法》)第二条规定:"本法所称电子签名是指数据电文中以电子形式所含、所附用于识别签名人身份并表明签名人认可其中内容的数据。本法所称数据电文是指以电子、光学、磁或者类似手段生成、发送、接收或者储存的信息。"

5.1.2　电子签名的适用范围

我国《电子签名法》第三条规定了电子签名的适用范围:

①民事活动中的合同或者其他文件、单证等文书,当事人可以约定使用或者不使用电子签名、数据电文。

②当事人约定使用电子签名、数据电文的文书,不得仅因为其采用电子签名、数据电文的形式而否定其法律效力。

前款规定不适用下列文书:

涉及婚姻、收养、继承等人身关系的;涉及土地、房屋等不动产权益转让的;涉及停止供水、供热、供气、供电等公用事业服务的;法律、行政法规规定的不适用电子文书的其他情形。

5.1.3　电子签名的可靠性

可靠性是电子签名的最基本特征,联合国国际贸易法委员会《电子签字示范法》以其核心条款(第六条)对之作了规定。它以联合国国际贸易法委员会《电子商务示范法》第七条为基础,并为检验电子签名的可靠性提供了标准。其目的在于确保可靠的电子签名,具有与手写签名同样的法律效果。《电子签字示范法》第六条的主旨如下:其一,当法律要求某人签名时,对数据信息所使用的电子签名,也同样能满足该要求,只要根据所有相关环境,包括相关协议,该电子签名对于数据信息生成或传送目的来说是适当与可靠的。其二,电子签名只要符合下列条件,就应视为是可靠的:①在使用电子签名的情形下,签署电子签名的方式只与签名人相关,而非他人;②当签署时,电子签名的方式处于签名人,而非他人控制之下;③任何在电子签名后所做的篡改,都是有迹可查的;④当对电子签名的法律要求,是为了保证与之相关信息的完整性时,任何对签署后的信息所做的篡改,都是有迹可查的。其三,不禁止任何人为了满足前述要求,以任何其他方式来确信某电子签名的可靠性,抑或证实某电子签名的不可靠。

我国《电子签名法》第十三条规定,电子签名同时符合下列条件的,视为可靠的电子签名:

①电子签名制作数据用于电子签名时,属于电子签名人专有;

②签署时电子签名制作数据仅由电子签名人控制;

③签署后对电子签名的任何改动能够被发现;

④签署后对数据电文内容和形式的任何改动能够被发现。

当事人也可以选择使用符合其约定的可靠条件的电子签名。

第十四条规定,可靠的电子签名与手写签名或者盖章具有同等的法律效力。

5.1.4 电子签名人的主要义务

电子签名人是指持有电子签名制作数据并以本人身份或者以其所代表的人的名义实施电子签名的人。其主要义务包括:

1)真实陈述义务

真实陈述认证机构要求其提供的事项与资料,是证书用户在申请证书时所应履行的基本义务。因为就其身份、地址、营业范围、证书信赖等级的真实陈述,是证书可信赖性产生的前提;否则,将构成对证书体系可信赖性的损害,并因此而承担一定的法律责任。

我国《电子签名法》第二十条规定:"电子签名人向电子认证服务提供者申请电子签名认证证书,应当提供真实、完整和准确的信息。"

2)履行合理的注意义务

在证书证明电子签名的情形下,签名人应履行合理的注意义务,在证书的整个有效期内,保证所有与证书有关的,或者将要被包括在证书内的重要陈述,具有准确性和完整性。签名人应对未能履行上述要求而造成的损失负赔偿责任。

3)妥善保管和通知义务

我国《电子签名法》第十五条规定:"电子签名人应当妥善保管电子签名制作数据。"如果没有用户对其私密钥的独占性控制,那么认证机构就是再认真审核、公正发布信息,都无法保证电子签名证书的安全性。控制私密钥,使其处于独占之安全状态,不仅是用户保护自身利益所必需的,同时也是维护证书体系信誉的不可或缺的措施。用户若违反了该义务,将承担相应的法律责任。

4)通知和终止义务

为保证电子商务各方的合法利益,我国《电子签名法》第十五条规定:"电子签名人知悉电子签名制作数据已经失密或者可能已经失密时,应当及时告知有关各方,并终止使用该电子签名制作数据。"

5.1.5 电子签名依赖方的义务

电子签名依赖方是指基于对电子签名认证证书或者电子签名的信赖从事有关活动

的人。

电子签名信赖人虽然不一定事先与认证机构存在合同关系,但他是认证关系的受益方之一。要求其承担相应的义务,是保障其利益的前提条件。《电子签字示范法》第十一条规定:相对方(即证书信赖人)如不能履行下列行为,应承担法律责任:

①采取合理的步骤确认签名的真实性;

②在电子签名有证书证明的情况下,采取合理的步骤:确认证书是否合法有效、被终止签发或被撤销;遵守任何有关证书的限制。

上述义务说明,对电子签名的信赖必须具有合理性。交易当事人应根据具体的环境,对所接收的电子签名的合理性及其程度,予以谨慎确认。电子签名的有效性,并不取决于相对方的行为。它是与签名人、证书机构的义务相对应的,并且是三者之间划分责任的依据之一。

5.1.6 电子签名的法律责任

我国《电子签名法》第二十七条规定:"电子签名人知悉电子签名制作数据已经失密或者可能已经失密未及时告知有关各方,并终止使用电子签名制作数据,未向电子认证服务提供者提供真实、完整和准确的信息,或者有其他过错,给电子签名依赖方、电子认证服务提供者造成损失的,应承担赔偿责任。"

第二十八条规定:"电子签名人或者电子签名依赖方因依据电子认证服务提供者提供的电子签名认证服务从事民事活动遭受损失,电子认证服务提供者不能证明自己无过错的,承担赔偿责任。"

5.2 电子认证法律制度

5.2.1 电子认证的概念

电子认证是以特定的机构对电子签名及其签名人的真实性进行验证的具有法律意义的服务。它虽然与电子签名一样,都是电子商务中的安全保障机制,但二者的具体功能和应用范围有一些差异。电子签名主要用于数据电文本身的安全,使之不被否认或篡改,是一种技术手段上的保证;而电子认证则主要应用于交易关系的信用安全方面,保证交易人的真实与可靠,主要是一种组织制度上的保证。从应用范围上看,前者同时适用于封闭型和开放型的交易网络;而后者则主要运用于开放型的交易网络。

认证的作用可表现在对外防止欺诈和对内防止否认两方面。前者是防范交易当事人以外的人故意入侵而造成风险所必须的;后者则是针对交易当事人之间可能产生的误解或抵赖而设置的,以便在电子商务交易当事人之间预防纠纷。其目的都是为了减少交易风险。

①防止欺诈。在开放型电子商务环境下,交易双方可能是跨越国境、从未见过面的人,其间不仅缺少封闭型社区交易群体的道德约束力,而且发生欺诈事件后的救济方法也非常有限,即便有救济的可能,其成本也往往要超过损失本身。因此,只有事先对各种欺诈可能全面予以防范,才是最有效的选择。

②防止否认。电子商务中的不得否认,既是一项技术要求,也是交易当事人的行为规范,它是民商法诚实信用原则在电子交易领域的具体反映。技术上的不得否认是一种防止发信方对已发生的通信予以否认的措施。其具体包括:数据电文的发送、接收及其内容的不得否认。而行为规范上的不得否认,是以一定的组织保障和法律责任为基础的,其作用的全面实现,既依赖于合同条款、技术手段或协议的支持,也依赖于认证机构所提供的服务。不得否认技术与服务的最终目的,是在电子通信与商务交易的当事人之间避免纠纷,并且在发生纠纷时,提供有效的解决方法。发端与传送的不得否认程序与规则,为交易当事人提供了大量的预防性的保护,减少了一方当事人试图抵赖发出或收到某一数据电文,而欺骗另一方当事人的可能性。

认证机构并不向在线当事人出售任何有形商品,也不提供资金或劳动力资源。它所提供的服务成果,只是一种无形的信息,包括交易相对人的身份、公共密钥、信用状况等信息。虽然,这些信息无法以具体的价格来衡量,但它是在开放型电子商务环境下进行交易所必需的前提性条件,并且是交易当事人很难亲自获知的。与一般信息服务不同的是,认证机构所提供的是经过核实的,有关电子商务交易人所关心的基本信息。实际上它是关于交易当事人的事实状况的信息,通常包括交易人是谁、在何处、以何种电子签名方式与之交易、其信用状况如何等。因此,认证是一种信用服务,它与目前存在的信用评级公司所从事的业务有些类似。所不同的是,后者依当事人的意愿可自愿采纳,信用评级公司一般不负担法律责任。而认证证书内的信息,则是经过核实的真实的资料,并且认证关系的直接当事人,即认证机构和证书用户,应共同对证书信息的真实性负法律责任。

在电子商务环境下,交易人应首先要考虑的是正在与何人进行交易,其信用如何。没有电子商务认证体系为依托,开放型电子商务就失去了生存环境。这是开放型电子商务的自身特征所要求的,也是必须以技术和法律方式给予全面解决的问题。电子认证服务的成功与否,直接影响着电子商务全球化的推广进程,这也是联合国贸法会以及各国之所以积极组织起草电子商务法的原因所在。

077

5.2.2 认证机构的管理

1）认证机构的含义

认证机构一般是指电子商务中对用户的电子签名颁发数字证书的机构,它已经成为开放性电子商务活动中不可缺少的信用服务机构。联合国国际贸易法委员会在其《电子签字示范法》第二条中规定:认证服务提供人,是指签发证书和可能提供与电子签名有关的其他服务的人。我国《电子签名法》第十六条规定:"电子签名需要第三方认证的,由依法设立的电子认证服务提供者提供认证服务。"

在电子商务交易中,无论是数字时间戳服务,还是证书的发放,都不是靠交易的双方自己来完成的,而需要有一个具有权威性和公正性的第三方来完成。认证机构(CA)就是承担网上安全电子交易认证服务、能签发数字证书,并能确认用户身份的服务机构。其主要任务是受理数字凭证的申请、签发数字证书以及对数字证书进行管理。

2）认证机构的特点

作为对电子商务交易当事人提供信用服务的受信赖的第三方——认证机构,应具备以下特点:

①是独立的法律实体。认证机构以自己的名义从事数字证书服务,以其自有财产提供担保,并承担一定的责任。当然,它也要向用户收取一定的费用,作为其服务报酬。认证机构作为独立实体,对其客户提供认证服务,并收取报酬已是商业惯例。

②具有中立性与可靠性。认证机构一般并不直接与用户进行商事交易,而是在其交易中,以受信赖的中立机构的身份,提供信用服务。它不代表交易任何一方的利益,仅发布公正的交易信息促成交易。中立性与可靠性,是其参与并促成与电子商务交易的重要保证。

③被交易的当事人所接受。如果商事交易各方不信赖认证机构,就不会接受其服务,而认证机构也不可能为其提供服务,当然也就无法参与其中。当事人的接受可能是明示的,如在当事人之间的正式合同中表达,也可能在交易中默示承认,或由成文法律、法规或条约所要求。对于某些商业化认证应用,须由政府机关审核。

④其营业目的是提供公正的交易环境。从营业目标看,认证机构系非营利性公用企业。尽管认证机构也收取一定的服务费用,但该费用只能是微利性的。如果它以追求盈利为目标,就很可能损害其中立性与公正性。因此,其营业宗旨应是以提供公正的交易环境为主要目标,类似于承担社会服务功能的公用企业。

3）认证机构的分类

按照是否经过政府许可,可分为经许可的认证机构与未经许可的认证机构。前者一般向公众提供认证服务,其条件与业务规程通常由法律规定;而后者多在封闭性交易团体中承担认证工作,其效力取决于协议内容。

按照认证机构是由个人还是由法人实体担任,可分为法人机构与个人机构。大多数国家规定认证机构由法人承担,也有些国家允许个人从事认证业务。

按照认证机构事先与当事人之间的联系,可分为与一方有联系的认证机构和与双方有联系的认证机构。

目前在全球处于领导地位的认证中心是美国的 VeriSign 公司。此外,还有 United States Postal Service, IBM World Registry Belsign,加拿大的 Canada Post Corporation,瑞士的 Swiss Key Digital ID Certification Authority 等。我国较大的电子认证机构有:中国金融认证中心、深圳市南方认证有限公司、北京数字认证中心等。各大商业银行在开展网上银行业务时,也将颁发相应的数字证书。

4)认证机构的管理

(1)提供认证服务的条件

我国《电子签名法》第十七条规定:提供电子认证服务,应当具备下列条件:

①取得法人资格;

②具有与提供电子认证服务相适应的专业技术人员和管理人员;

③具有与提供电子认证服务相适应的资金和经营场所;

④具有符合国家安全标准的技术和设备;

⑤具有国家密码管理机构同意使用密码的证明文件;

⑥法律、行政法规规定的其他条件。

(2)认证机构的申请、登记和备案

从事电子认证服务,应当向国务院信息产业主管部门提出申请,并提交符合《电子签名法》第十七条规定条件的相关材料。国务院信息产业主管部门接到申请后经依法审查,征求国务院商务主管部门等有关部门的意见后,自接到申请之日起 45 日内作出许可或者不予许可的决定。予以许可的,颁发电子认证许可证书;不予许可的,应当书面通知申请人并告知理由。

取得认证资格的电子认证服务提供者,应当按照国务院信息产业主管部门的规定在互联网上公布其名称、许可证号等信息。

电子认证服务提供者应当制定、公布符合国家有关规定的电子认证业务规则,并向国务院信息产业主管部门备案。电子认证业务规则应当包括责任范围、作业操作规范、信息安全保障措施等事项。

国务院信息产业主管部门依照《电子签名法》制定电子认证服务业的具体管理办法,对电子认证服务提供者依法实施监督管理。

5.2.3 认证机构的主要义务

根据我国《电子签名法》的有关规定,认证机构的主要义务包括:

1)审查义务

电子认证服务提供者收到电子签名认证证书申请后,应当对申请人的身份进行查验,并对有关材料进行审查。

2)认证内容的义务

电子认证服务提供者应当保证电子签名认证证书内容在有效期内完整、准确,并保证电子签名依赖方能够证实或者了解电子签名认证证书所载内容及其他有关事项。

3)通知义务

电子认证服务提供者拟暂停或者终止电子认证服务的,应当在暂停或者终止服务90 日前,就业务承接及其他有关事项通知有关各方。

4)停止服务方面的义务

电子认证服务提供者拟暂停或者终止电子认证服务的,应当在暂停或者终止服务60 日前向国务院信息产业主管部门报告,并与其他电子认证服务提供者就业务承接进行协商,作出妥善安排。

电子认证服务提供者未能就业务承接事项与其他电子认证服务提供者达成协议的,应当申请国务院信息产业主管部门安排其他电子认证服务提供者承接其业务。

电子认证服务提供者被依法吊销电子认证许可证书的,其业务承接事项的处理按照国务院信息产业主管部门的规定执行。

5)信息保存和保密义务

电子认证服务提供者应当妥善保存与认证相关的信息,信息保存期限至少为电子签名认证证书失效后 5 年。另外,认证机构还应负有对客户重要信息的保密义务。

5.2.4 认证机构的责任

我国《电子签名法》对认证机构的主要责任作了如下规定:

未经许可提供电子认证服务的,由国务院信息产业主管部门责令停止违法行为;有违法所得的,没收违法所得;违法所得 30 万元以上的,处违法所得一倍以上三倍以下的罚款;没有违法所得或者违法所得不足 30 万元的,处 10 万元以上 30 万元以下的罚款。

电子认证服务提供者暂停或者终止电子认证服务,未在暂停或者终止服务 60 日前向国务院信息产业主管部门报告的,由国务院信息产业主管部门对其直接负责的主管人员处 1 万元以上 5 万元以下的罚款。

电子认证服务提供者不遵守认证业务规则、未妥善保存与认证相关的信息,或者有其他违法行为的,由国务院信息产业主管部门责令限期改正;逾期未改正的,吊销电子认证许可证书,其直接负责的主管人员和其他直接责任人员 10 年内不得从事电子认证服务。吊销电子认证许可证书的,应当予以公告并通知工商行政管理部门。

5.2.5　电子签名认证证书

1)证书概念

认证证书又称数字证书(Digital Certificate, Digital ID)是指可证实电子签名人与电子签名制作数据有联系的数据电文或者其他电子记录。在网上电子交易中,如果交易双方出示了各自的数字证书,并用它们进行交易操作,一般情况下,双方就可以不必再为对方身份的真实性而担心。

2)证书的主要内容

我国《电子签名法》第二十一条规定,电子认证服务提供者签发的电子签名认证证书应当准确无误,并应当载明下列内容:

①电子认证服务提供者名称;

②证书持有人名称;

③证书序列号;

④证书有效期;

⑤证书持有人的电子签名验证数据;

⑥电子认证服务提供者的电子签名;

⑦国务院信息产业主管部门规定的其他内容。

3)证书的类型

一般来讲,数字证书有以下几种类型:

①客户证书。它仅仅为某一个用户提供数字证书,以便于个人在网上进行安全交易操作。它一般是由金融机构进行数字签名发放的,不能被其他第三方所更改。

②商家证书。它是由收单银行批准,由金融机构颁发的,是对商家是否具有信用卡支付交易资格的一个证明。在 SET 中,商家可以持有一个或多个数字证书。

③网关证书。它通常由收单银行或其他负责进行认证和收款的机构持有。客户对账号等信息加密的密码由网关证书提供。

④认证机构系统证书。即各级、各类认证机构(如 RCA,BCA,GCA,CCA,MCA,PCA 等)所持有的数字证书。

4）证书的颁发

证书的颁发，是认证机构的基本业务内容之一，同时，也是认证机构与证书用户以及信赖证书的交易人之间，建立信用服务与信赖关系的起点，意义十分重大。因此，许多有关认证的法律文件，都对之作出了规定。譬如，《电子签字示范法》、新加坡的《电子交易法》以及美国犹他州的《数字签名法》，都对此有专门规定。

（1）颁发证书的条件

一般而言，如果认证机构收到签名人要求颁发的请求，并且自己或通过授权机构证实以下项目，即应向未来的签名人颁发证书：①该申请人系即将发布的证书中载明的个人或实体；②发布证书中信息准确无误；③申请人正确持有与证书内载明的公钥相符且能创设数字签名的私钥，证书内载明的公钥得用于证实附随于潜在签名人持有的私钥生成的数字签名。

（2）认证机构在证书颁发中的义务

认证机构通过颁发证书，不仅与用户之间产生了法律上的义务，同时，也对不特定的信赖人，就其所颁发的证书，作出了信用担保宣示。认证机构与证书信赖人之间的具体的权利义务关系，实际上是以证书的具体内容而决定的。

5）证书的发布

证书的颁发，是直接向用户所做出的一种当事人之间的通知行为；而其发布，则是向全社会做出的一种公告行为。二者共同构成完整的证书颁发业务。只有用户自己知道其证书，交易公众不曾知晓，就不可能使数字签名证书起到市场交易中介工具的作用。同证书的颁发一样，证书发布也是一种服务，其发布的方式与内容，应当由法律规定和协议的条款来决定。其中应包括必发、选发、密存3种不同的内容，而各种内容的依据又有所不同。

（1）必须发布的内容

由许可的认证机构颁发的证书应包括：①用户通常使用的名称；②用户的标识名；③与用户所持有的私密钥相对应的公共密钥；④对用户所使用的公共密钥的数学算法，按照主管部门的要求作简要介绍；⑤证书的序列号，它必须在认证机构所颁发的证书中是独特的；⑥证书颁发与接收的日期和时间，而后者是生效时间；⑦证书失效的日期和时间；⑧颁发证书的认证机构的标识名称；⑨以主管部门的形式对签署证书的数学算法作简要的介绍；⑩对信赖证书进行交易的可靠性限制建议；⑪主管部门以法规要求的其他项目。

（2）选择发布的内容

许可的认证机构颁发的证书，可根据用户与认证机构的选择包含以下内容：①附属公钥与其标识或常用指示；②关于证书可信度和以此为基础的请求的重要信息；③对证书的使用有用的重要材料,包括颁发证书的认证机构和用户的信息;④主管部门以法规要求的其他项目。

此外,主管部门可通过法规要求在证书中增加额外的信息,只要其要求对证书来说,是符合数字签名证书通常接受标准的,并且证书没有受到用户的否认和限制,或违反认证机构与用户之间的义务关系。与此同时,证书必须以主管部门规定的形式,存储于数据库中。

(3)秘密存储,只对特定人开放的内容

主管部门可根据用户与许可的认证机构的共同要求,在数据库里生成一个秘密范围。主管部门仅能将其秘密范围的内容向以下人透露:①发布证书的许可认证机构;②主管部门授权的人员;③接到要求吊销相关证书申请的法院或政府官员。秘密范围的内容必须有密码或只有用户知道的事实,在该实体提出中止请求时,用于决定该请求人的身份。

6)证书的接收

证书的接收是与证书颁发相对应的行为,它对于接收证书的用户来说,具有重要的法律意义。一方面通过证书接收,用户对其证书享有了支配、使用权;另一方面,自接收时起,就要承担作为证书拥有人的法定义务。

7)境外签发的认证证书的效力

我国《电子签名法》第二十六条规定:"经国务院信息产业主管部门根据有关协议或者对等原则核准后,中华人民共和国境外的电子认证服务提供者在境外签发的电子签名认证证书与依照本法设立的电子认证服务提供者签发的电子签名认证证书具有同等的法律效力。"

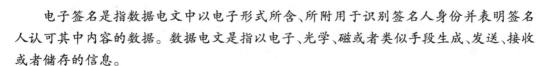

本章小结

电子签名是指数据电文中以电子形式所含、所附用于识别签名人身份并表明签名人认可其中内容的数据。数据电文是指以电子、光学、磁或者类似手段生成、发送、接收或者储存的信息。

可靠性是电子签名的最基本特征,联合国贸法会《电子签字示范法》以其核心条款(第六条)对之作了规定。它以《电子商务示范法》第七条为基础,并为检验电子签名的可靠性提供了标准。我国《电子签名法》对其也作了相关的规定。可靠的电子签名与手写签名或者盖章具有同等的法律效力。

电子签名人是指持有电子签名制作数据并以本人身份或者以其所代表的人的名义实施电子签名的人。其主要义务包括：真实陈述义务；履行合理的注意义务；妥善保管和通知义务；通知和终止义务等。电子签名人或者电子签名依赖方因依据电子认证服务提供者提供的电子签名认证服务从事民事活动遭受损失，电子认证服务提供者不能证明自己无过错的，承担赔偿责任。

电子认证是以特定的机构对电子签名及其签名人的真实性进行验证的、具有法律意义的服务。认证机构应具备的特点包括：独立的法律实体；具有中立性与可靠性；被交易的当事人所接受；其营业目的是提供公正的交易环境。

认证机构按照是否经过政府许可，可分为许可的认证机构与未经许可的认证机构；按照认证机构是由个人还是由法人实体担任，可分为法人机构与个人机构；按照认证机构事先与当事人之间的联系，可分为与一方有联系的认证机构和与双方有联系的认证机构。

认证机构的主要义务包括：审查义务；认证内容的义务；通知义务；停止服务方面的义务；信息保存和保密义务等。

认证证书又称数字证书，是指可证实电子签名人与电子签名制作数据有联系的数据电文或者其他电子记录。证书的类型包括：客户证书；商家证书；网关证书和认证机构系统证书。

【案例分析】

2010年1月，杨先生结识了女孩韩某。同年8月27日，韩某发短信给杨先生，向他借钱应急，短信中说："我需要5 000元，刚回北京做了眼睛手术，不能出门，你汇到我卡里。"杨先生随即将钱汇给了韩某。之后，杨先生再次收到韩某的短信，又借给其6 000元。此后，杨某要求韩某还钱。经过几次催要未果后，杨某起诉至法院。在提起诉讼后，杨某向法院提交了存有韩某借钱短信的手机。韩某的代理人否认发送短信的手机号码属于韩某，并质疑短信的真实性。后经法官核实，杨先生提供的发送短信的手机号码拨打后接听者正是韩某本人。而韩某本人也承认，自己从去年七八月份开始使用这个手机号码。随后，韩某代理人表示，短信不能作为证据。而杨某的律师表示，根据《电子签名法》，手机短信属于法律对"数据电文"的定义，也符合"有形表现所载内容""可以随时调取查用"的认定规则，并要求法院确认短信证据的效力。

试结合案例内容，对电子签名的法律效力进行评述。

【复习思考题】

1. 简述我国《电子签名法》规定的电子签名的适用范围。

2. 可靠的电子签名应具备哪些条件?

3. 简述电子签名人和电子签名依赖方的主要义务。

4. 电子认证的法律意义体现在哪些方面?

5. 提供认证服务的条件有哪些?

6. 认证机构的主要义务包括哪些内容?

7. 境外签发的认证证书的效力如何?

第6章
电子商务中知识产权法律制度

【学习目标】

理解网络著作权的法律含义；了解信息网络传播权的侵权形式及司法保护；理解商标的含义、特点；掌握网络商标侵权行为及其表现形式；了解网络商标侵权的法律责任；理解域名的概念与法律特征；了解域名的注册与管理；了解域名纠纷的法律应对。

6.1　网络著作权法律制度

6.1.1　网络著作权的理解

1）著作权概念

著作权也称版权，是法律赋予文学、艺术和科学作品的作者对其创作的作品享有的专有权利。根据 2010 年 2 月 26 日《中华人民共和国著作权法》第二次修订（以下简称《著作权法》），第十条规定著作权包括人身权和财产权。

其中发表权、署名权、修改权、保护作品完整权为人身权利；复制权、发行权、广播权、信息网络传播权等（五）项至第（十七）项权利为财产权。《著作权法》规定著作权人可以许可他人行使本法规定的财产权，并依照约定或者本法有关规定获得报酬。著作权人可以全部或者部分转让财产权，并依照约定或者本法有关规定获得报酬。

著作权人享有的财产权中，信息网络传播权具体是指：以有线或者无线方式向公众提供作品，使公众可以在其个人选定的时间和地点获得作品的权利。该权利的实现方式是对著作权法保护的作品进行数字化，以互联网络为载体，为公众提供信息服务。公众通过自愿选择的渠道，有偿或者无偿获取个人所需的信息资源。

2）网络著作权

网络著作权，并非《著作权法》法定的著作权人享有的专有权利，不是知识产权中的法定概念。20 世纪 90 年代以来,由于国际互联网技术的发展,信息的传播技术得到快速发展,著作权的保护范围和内容也不断扩大和深化。传统的著作权人希望将其对传统作品的权利自然延伸到网络上,网络上的既得利益者则希望网络上的权益能得到传统著作权的扩大保护。各种作品在网络传播的过程中也随之出现大量著作权的纠纷,由此产生了网络著作权概念。本节内容中将网络著作权定义为:法律赋予著作权人享有对作品的专有权利在互联网络中的延伸。

网络著作权所保护的对象是网络环境中的作品。《著作权法》第三条对作品的创作形式以及领域作出了规定。2013 年 1 月 30 日《中华人民共和国著作权法实施条例》第二次修订,第二条规定:著作权法所称的作品是指文学、艺术和科学领域内具有独创性并能以某种有形形式复制的智力成果。"独创性"与"可复制性"是认定作品成为著作权法保护对象的实质要件。

另外,根据 2006 年 11 月 20 日《最高人民法院关于审理涉及计算机网络著作权纠纷案件适用法律若干问题的解释》第二次修正,第二条规定:"受著作权法保护的作品,包括著作权法第三条规定的各类作品的数字化形式。在网络环境下无法归于著作权法第三条列举的作品范围,但在文学、艺术和科学领域内具有独创性并能以某种有形形式复制的其他智力创作成果,人民法院应当予以保护。"尽管该司法解释因 2013 年 1 月 1 日起施行的《最高人民法院关于审理侵害信息网络传播权民事纠纷案件适用法律若干问题的规定》(以下简称《信息网络传播权适用法律规定》)而同时废止,但在此之前该司法解释亦强调计算机网络著作权所保护的作品应该具备"独创性"与"可复制性"的实质要件。

虽然《著作权法》及其相关条例无法对于作品的范围列举穷尽,但具备"独创性"与"可复制性"的各类成果均属于著作权法律制度保护的对象。网络作品一般以数字化形式存在于各种存储设备中,以互联网络为载体进行广泛而快速的传播。它与传统作品在存在形式和载体等方面有所不同,但在作品实质性要件方面仍然具备"独创性"和"可复制性"的特点。因此网络作品或者数字化作品受著作权法律制度的保护。

6.1.2 信息网络传播权的侵权形式分类

信息网络传播权侵权是指网络服务提供者、网络用户在未经权利人授权许可的情况下通过信息网络将权利人的作品进行传播从而损害权利人利益的行为。一些网络服务商通过各种电子设备为终端相互连接形成的信息网络,上传享有信息传播权的作品、表演、录音录像制品。通过上传到网络服务器、设置共享文件或者利用文件分享软件等方式,将作品、表演、录音录像制品置于信息网络中,公众能够在个人选定的时间和地点以下载、浏览或者其他方式获得他们所需的各种资源,这其中包含大量未经权利人授权的著作权作品。

1）直接侵权

从兼顾网络服务者、权利人和社会公众三方利益的角度，许多国家提出了一套解决侵犯信息网络传播权案件纠纷的直接侵权及间接侵权的理论。"直接侵权"是指未经版权人许可也缺乏"合理使用"或"法定许可"等抗辩理由，而实施受版权人专有权利控制的行为。

"合理使用"是著作权限制方法中的一种常用的方式，是指著作权人以外的人，为法定的目的或需要，采取合理方式，依法使用有著作权的作品而不须经作者或其他著作权人的同意，且不支付报酬的一种合法行为。2013 年 1 月 30 日《信息网络传播权保护条例》修订（以下简称《保护条例》），第六条对合理使用适用情形有所规定。例如，为报道时事新闻，或者为学校课堂教学或者科学研究，适当使用了已经发表的作品，可以不经著作权人许可，不向其支付报酬。

"法定许可"是指在法定条件下，使用人在不侵害作者合法权益的前提下使用有著作权的作品，只向作者或者其他著作权人支付规定的报酬，指出作品名称、出处和作者的姓名，而无需征得作者同意或许可，且不构成侵权的一种法律制度。《保护条例》第八条规定：为通过信息网络实施九年制义务教育或者国家教育规划，可以不经著作权人许可，使用其已经发表作品的片断或者短小的文字作品、音乐作品或者单幅的美术作品、摄影作品制作课件，由制作课件或者依法取得课件的远程教育机构通过信息网络向注册学生提供，但应当向著作权人支付报酬。

除以上两项抗辩事由外，任何组织或者个人将他人的作品、表演、录音录像制品通过信息网络向公众提供，应当取得权利人许可，并支付报酬。对于未经权利人授权许可直接通过信息网络传播权利人作品的行为将构成直接侵权。权利人的信息网络传播权依法受到保护。根据《保护条例》第十八条规定，直接侵权包括但不限于以下情形：

①通过信息网络擅自向公众提供他人的作品、表演、录音录像制品的；

②故意避开或者破坏技术措施的；

③故意删除或者改变通过信息网络向公众提供的作品、表演、录音录像制品的权利管理电子信息，通过信息网络向公众提供明知或者应知未经权利人许可而被删除或者改变权利管理电子信息的作品、表演、录音录像制品；

④为扶助贫困通过信息网络而向农村地区提供作品、表演、录音录像制品超过规定范围，或者未按照公告的标准支付报酬，或者在权利人不同意提供其作品、表演、录音录像制品后未立即删除的；

⑤通过信息网络提供他人的作品、表演、录音录像制品，未指明作品、表演、录音录像制品的名称或者作者、表演者、录音录像制作者的姓名（名称），或者未支付报酬，或

者未依照本条例规定采取技术措施防止服务对象以外的其他人获得他人的作品、表演、录音录像制品，或者未防止服务对象的复制行为对权利人利益造成实质性损害的。

2）间接侵权

间接侵权是指行为人并未直接实施受专有权利控制的行为，但其行为与他人的"直接侵权"行为之间存在特定关系，一些国家的版权法或司法判例中也将这类行为规定为侵权行为。我国司法实践中，以是否直接提供权利人的作品为标准，把网络服务提供者区分为内容提供者和网络中介服务提供者。信息网络传播权侵权案件中，中介服务提供者一般承担间接侵权责任，但并不表示以网络服务提供者的分类作为划分信息网络传播权侵权形式的标准。"网络服务提供者"作为一个法律概念，法律并未对其作出明确的解释，只是作为侵犯网络著作权的主要主体予以重点提及。法学界也还未对这一概念取得统一认识。如果网络中介服务提供者和网络内容提供者之间存在分工合作、利益分配等关系，则可能同网络内容提供者构成共同直接侵权。

间接侵权是指行为人虽然未直接实施侵犯权利人专有权利的行为，但其行为同直接侵权之间存在某种联系，法律出于对公共政策等多方面的考虑将其认定为侵权行为。根据《信息网络传播权适用法律规定》第七条，我国的信息网络传播权间接侵权主要包括两种，教唆侵权和帮助侵权。

①教唆侵权包括网络服务提供者通过言语、积分奖励、推介技术支持等方式诱导他人实施侵害权利人信息网络传播权的行为；

②帮助侵权包括网络服务提供者在明知他人利用其提供的服务实施侵害权利人信息网络传播权的行为或者在收到权利人的侵权通知后仍不断开链接或者删除侵权行为人上传的侵权内容的行为。

网络服务提供者无正当理由拒绝提供或者拖延提供涉嫌侵权的服务对象的姓名（名称）、联系方式、网络地址等资料的；故意制造、进口或者向他人提供主要用于避开、破坏技术措施的装置或者部件，或者故意为他人避开或者破坏技术措施提供技术服务的情形也属于帮助侵权。

认定间接侵权在主观方面应根据侵权者的过错，即网络服务提供者明知或应知网络用户侵害他人的信息网络传播权，才能确定其是否承担教唆、帮助侵权责任。

6.1.3　信息网络传播权的司法保护

目前，网络上著作权受到侵犯的现象不断增多，著作权人、传播者和社会公众三方的利益冲突日益尖锐。《著作权法》第一次明确了信息网络传播权的概念，其第十条第一款、第三十八条第一款、第四十二条对信息网络传播权作了规定。《保护条例》第七条中规定了图书馆、档案馆、美术馆等可以不经著作权人许可使用信息网络向本馆馆舍内服务对象提供本馆收藏的合法出版的数字作品,但对作品却作出了限制,仅限于那些濒临损毁、无法保存而且在市场上难以购买的作品。虽然现行《著作权法》《保护条例》等法律法规对于信息网络传播权的保护有所规定,但在互联网环境下如何对作品进行合理使用,怎样细化对信息网络传播权的保护,还存在许多法律空白。

结合审理侵害信息网络传播权民事纠纷案件的现状来看,依法保护信息网络传播权仍然存在许多的困难。例如,2002 年北京大学法学院陈兴良教授诉中国数字图书馆侵犯信息网络传播权案得到法院支持,认定被告中国数字图书馆有限责任公司构成侵权,承担侵权责任。但在 2012 年周国平诉天津市图书馆侵犯信息网络传播权案中,法院认定天津市图书馆通过数字化的方式向公众提供图书的行为符合社会公众利益,符合《著作权法》和《保护条例》关于合理使用的立法精神,不应认定为侵权行为,不承担侵权责任。两个案件案情基本相同,却得到不同判决,可见法官在审理此类案件时有不同思路,对立法精神也有不同理解。但目前还没有明确的司法解释为此类案件的审判作指导。

《保护条例》第二十二条、第二十三条引入了"避风港"原则。在避风港原则的庇护下,网络服务提供者只要收到侵权的"通知"后及时履行"删除"义务,则可免责。一般著作权利人认为网络服务所涉及的作品、表演、录音录像制品,侵犯自己的信息网络传播权或者自己的权利管理电子信息被删除、改变了的,可以向该网络服务提供者提交书面通知,要求网络服务提供者删除该作品、表演、录音录像制品,或者断开与该作品、表演、录音录像制品的链接。这时提供信息存储空间的网络服务提供者,根据本条例规定删除权利人认为侵权的作品、表演、录音录像制品,或者提供搜索、链接服务的网络服务提供者,断开与侵权的作品、表演、录音录像制品的链接,网络服务提供者不承担赔偿责任。但是,明知或者应知所链接的作品、表演、录音录像制品侵权的,应当承担共同侵权责任。

《保护条例》第十八条、第十九条对侵权责任进行了明确划分。第十八条明确指出的侵权行为有:通过信息网络擅自向公众提供他人的作品、表演、录音录像制品的;故意避开或者破坏技术措施的;故意删除或者改变通过信息网络向公众提供的作品、表演、录音录像制品的权利管理电子信息,或者通过信息网络向公众提供明知或者应知未经权利人许可而被删除或者改变权利管理电子信息的作品、表演、录音录像制品等 5 项侵权行为。有这些侵权行为之一的,根据情况承担停止侵害、消除影响、赔礼道歉、赔偿损失等民事责任;同时损害公共利益的,可以由著作权行政管理部门责令停止侵权行为,没收违法所得,非法经营额 5 万元以上的,可处非法经营额 1 倍以上 5 倍以下的罚款;没有非法经营额或者非法经营额 5 万元以下的,根据情节轻重,可处 25 万元以下的罚款;情节严重的,著作权行政管理部门可以没收主要用于提供网络服务的计算机等设备;构成犯罪的,依法追究刑事责任。

第十九条明确指出的侵权行为有:故意制造、进口或者向他人提供主要用于避开、破坏技术措施的装置或者部件,或者故意为他人避开或者破坏技术措施提供技术服务的;通过信息网络提供他人的作品、表演、录音录像制品,获得经济利益的等3项侵权行为。有这些侵权行为之一的,由著作权行政管理部门予以警告,没收违法所得,没收主要用于避开、破坏技术措施的装置或者部件;情节严重的,可以没收主要用于提供网络服务的计算机等设备;非法经营额5万元以上的,可处非法经营额1倍以上5倍以下的罚款;没有非法经营额或者非法经营额5万元以下的,根据情节轻重,可处25万元以下的罚款;构成犯罪的,依法追究刑事责任。

6.2　注册商标专用权法律制度

6.2.1　商标及其权利

1)商标的认定

商标是用以区别所提供商品及服务的标记,分为商品商标和服务商标两种。经营者使用商标以区别于他人提供的商品或服务。在认定是否属于商标的时候,主要看以下几点:

①商标是适用于商品或者服务上的标志。如果标志并不是与商品或者服务相联系,如国家、军队、政党等团体的标志、朝代的年号等,不能认为是商标。

②商标是区别商品或者服务来源的标志。标志虽然使用在商品或者服务上,如果不是生产经营者的区别性标志,这些标志不能认为是商标,如产品的通用名称、生产日期、普通包装等,都不是商标。因为商标是一种识别不同生产经营者的标志,故商标必须具有显著特征。

③商标是由文字、图形、字母、数字、三维标志和颜色组合以及上述要素的组合构成的识别标志。国际上对商标的构成要素扩大至声音、气味、触觉、味觉等识别性标志作为商标,但我国法律规定可视性标志可以作为商标。

2)商标权

商标权是指商标所有人依法对商标所享有的权利,通常是指注册商标所有人在法定期限内对于注册商标所具有的一种排他性的权利。它包括对注册商标的专用权、处分权、许可权、续展权、转让权和禁止他人侵害的权利。其中,商标的专用权是商标权人最基本的一项权利,即商标权人有权将核准注册的商标使用在核定使用的商品或者服务上,其他权利均是从商标专用权衍生出来的。商标权具体有以下特点:

①商标权是基于识别性标识而设立的权利。所以各国商标法都要求商标应具有显著性,以便于识别。

②商标权具有专有性。商标权人对其注册商标享有专属于自己的权利,未经其许可非专有权人不得随意使用。

③商标权的保护期限具有不确定性。根据《中华人民共和国商标法》(以下简称《商标法》)第四十条的规定:"注册商标有效期满,需要继续使用的,商标注册人应当在期满前十二个月内按照规定办理续展手续;在此期间未能办理的,可以给予六个月的宽展期。每次续展注册的有效期为十年,自该商标上一届有效期满次日起计算。期满未办理续展手续的,注销其注册商标。"所以说,如果商标权的有效期届满,商标权人有权请求续展,并且续展次数不限。当然,商标权人也可以不续展,还可以主动放弃商标权。

④商标权具有地域性。商标权通常只限于授予这项权利的国家领域之内有效,即商标权人只能在授予该商标权的国家使行使商标权,其权利仅受该国家的法律保护。

6.2.2 网络商标侵权行为

传统商标侵权行为主要指侵害他人商标专用权的行为。《商标法》第五十七条规定有下列行为之一的,均属侵犯注册商标专用权:

①未经商标注册人的许可,在同一种商品上使用与其注册商标相同的商标的;

②未经商标注册人的许可,在同一种商品上使用与其注册商标近似的商标,或者在类似商品上使用与其注册商标相同或者近似的商标,容易导致混淆的;

③销售侵犯注册商标专用权的商品的;

④伪造、擅自制造他人注册商标标识或者销售伪造、擅自制造的注册商标标识的;

⑤未经商标注册人同意,更换其注册商标并将该更换商标的商品又投入市场的;

⑥故意为侵犯他人商标专用权行为提供便利条件,帮助他人实施侵犯商标专用权行为的;

⑦给他人的注册商标专用权造成其他损害的。

随着网络运用的普及,商标侵权行为迅速渗透至网络领域。本节内容将网络商标侵权行为定义为:以网络和与网络有关的技术工具为载体或手段来实施的侵犯他人商标专用权的行为。与传统商标侵权相比较,不仅有实施领域的改变,更有侵权手段的演变。具体包括但不限于以下几种表现形式:

(1)利用网络销售侵犯商标权的商品

从侵权认定方面分析这是最简单、直接的网络商标侵权形式。这种商标侵权和我们在现实生活中出现的销售侵犯商标权的商品的行为性质是一样的,在法律适用上应遵循相同的条款。只是网络销售则突破了时空的限制,使侵权产品的销售变得更加容易。很显然,这对于商标权人利益的侵害更为严重。

另外,与网络销售侵犯商标权的产品息息相关的当属网络交易平台提供商商标侵权。网络交易平台提供商是指没有直接参与到买卖双方的交易中,只是为商户提供信息上传通道和技术中介服务。网络交易平台提供商的商标侵权与传统商标侵权相比,具有其自身的特点,但归根结底仍然是一种侵权行为。侵权责任一般适用过错责任原则,因此对于网络交易平台提供商的商标间接侵权行为应适用过错责任原则。这有利于保护和鼓励"网购"这一新兴产业的进一步发展与壮大,是各国的立法趋势。

网络平台提供商仅仅是网络服务的提供者,为交易双方提供一个商业平台,而非交易的中介方,要求其承担主动监控义务既费时又费力,是不存在现实可能性的。网络交易平台提供商明知其平台上存在侵权商品信息,而故意不采取措施移除信息,放任其继续存在,则认为其主观上具有过错;或者网络平台提供商不知道侵权商品的存在,但在得到商标权利人符合条件的通知后,仍怠于履行职责,则认定其存在主观过错。在判断网络平台提供商主观过错时,应在其承担义务的能力范围内,对于无法预见也不能控制的行为不能认定其存在过错,否则将有可能违反公平原则和合理性。

（2）网页上的商标侵权

网页上的商标侵权又称为"网页商标侵权",即行为人选取、使用他人注册商标的图形、图像并入自己的网页,或将他人商标的图形设计成自己网页的图标而引起的纠纷。这种侵权方式与传统的商标侵权行为相似,只不过是将其侵权行为从现实延伸到了网络虚拟世界,纠纷处理的规则也与传统商标侵权纠纷没有原则上的区别。

（3）域名引起的商标侵权

根据侵权目的的不同可以将由域名引发的商标侵权分成 3 种类型。第一类是指行为人明知他人享有权利的知名商标、商号或其他标识的文字组成,却故意将他人的知名商标、商号涵盖的文字注册为自己的域名,再以高价将这些域名回卖给该知识产权所有人。第二类抢注者不是为了转卖谋利,而是抢注代表竞争对手的企业名称或商标的域名,在抢注的域名网站上发布对竞争对手不利的消息,达到排挤竞争对手的目的。以上两类都是"注"而不"用",因此统称为域名抢注商标侵权。第三类是指域名盗用商标侵权。与前两类情况不同,域名盗用商标侵权是指故意注册并使用与他人在先注册的商标相同或近似的域名而引起的商标侵权。

另外,域名已经成为企业从事电子商务活动的重要商业标识,企业大多选择与自己商标相同或近似的域名。相比一般商标,驰名商标潜藏着更为巨大的商业价值,因而也更容易成为那些域名抢注者的劫持目标,受到攻击最多的也正是在国内外享有较高声誉的驰名商标。一些别有用心的人专门抢占或者囤积那些享有知名度的商标作为域名,以期高价出售。

(4)网络链接引起的商标侵权

网络链接是互联网用户每天都会用到的一种接收信息的方式,它使存在于不同服务器上的信息在互联网上实现链接,用户通过点击链接即可从一个网站跳到另一个网站。其基本原理是:设链者在自己的网页上设置的各种图标或者文字标志后面储存了其他网站的地址。当互联网用户点击链接标志时,计算机就自动转向预先储存好的网址。

链接标志中储存的是被链接网站中的某一页而不是网站的首页。当用户点击链接标志时,计算机就会自动绕过被链接网站的首页,直接指向具体内容页。这种绕过被链接网站主页的行为误导了消费者,使消费者认为还停留在原来的网站,导致使用者对网页内容的所有权产生误判或认为设链者与被链接网站的所有者存在某种合作关系,同时也减少了被链接网站的访问量,使该被链网站的经济利益受到损害。这种行为就有借他人商标的知名度来增加自己点击率和浏览量的"搭便车"的嫌疑,也就涉及链接商标侵权的问题。

(5)搜索引擎引起的商标侵权

搜索引擎的运作机理是:根据用户输入的想要查找搜索的某个关键词,迅速扫描、搜索网页源代码的元标记,从而找到与用户想要搜索的关键词相匹配的网页。其中,元标记(metatag)是网页源代码中用来描述网页特征和主要内容的软件参数,它不仅向浏览者提供某一页面的附加信息,也帮助一些搜索引擎进行页面分析,使导出的某一页面检索信息能正确地放入合适的目录中。它的特殊之处在于,其文字并不显示在网页上,而只是表明该网页的主要内容,专门作为网页索引之用。由于它并不会在页面的任何地方显示出来,一般的网页浏览者并不会看到它的存在,因此它仅仅是一段埋入网页头部以供机器阅读的程序代码,只有网络管理者可以控制搜索引擎来识别它。元标记中的"Description""Key Words"两项设置的目的在于为搜索引擎提供网页描述和关键字,使得搜索引擎能够阅读识别此字符并检索到该网站。

搜索引擎商标侵权是指将他人商标尤其是知名商标用作元标记,以混淆消费者(网民),谋取不正当利益的行为。许多网站经营者为了吸引更多用户,开始重视对元标记的使用。有的经营者将自己的商标埋入元标记中,有的则将他人商标甚至是竞争对手的商标埋入自己网站的元标记中,试图招来其他经营者的客户。这种在元标记中使用他人商标的行为很可能产生搜索引擎商标侵权,因为是以用户难以看见的方式对商标进行使用,所以又被称为"商标隐形侵权"。

网页广告费、销售收入是与访问其网页的用户数成正比的。为了吸引用户,网页制作者便尽可能地设置响亮而又知名的关键词来招揽用户。因此知名商标常常成为侵权的首选目标。当用户一查询这些关键词时就被搜索引擎指引到了该网页,尽管该网页的内容甚至与这些关键词无关。从权利人方面来说,商标尤其是知名商标的权利人喜欢将自己的商标设置为关键词,当用户通过搜索引擎查找其商标时,能及时便捷地找到。这就使得关键词与商标间产生了某种关联,具有某种识别、联系功能。从非权利人方面来说,使用他人商标尤其是知名商标用作元标记,其目的正是混淆公众,凭借知名商标的高度影响力及元标记在实践中产生的识别、联系功能来谋取不正当利益。这显然损害了商标权人的合法权益,也损害了消费者的利益。

随着电子商务形式的不断发展,还会有更多新形式的网络商标侵权纠纷出现。现行商标法律制度在解决这些网络商标侵权纠纷时显得步履维艰,这就需要我们针对网络新情况适时地提出新的规则和理论来解决网络商标侵权的认定问题。

6.2.3　网络商标侵权的法律责任

《商标法》第七章注册商标专用权的保护中规定,存在侵犯注册商标专用权行为引起纠纷的,由当事人协商解决;不愿协商或者协商不成的,商标注册人或者利害关系人可以向人民法院起诉,也可以请求工商行政管理部门处理。

工商行政管理部门处理时,认定侵权行为成立的,责令立即停止侵权行为,没收、销毁侵权商品和主要用于制造侵权商品、伪造注册商标标识的工具,违法经营额达 5 万元以上的,可以处违法经营额 5 倍以下的罚款,没有违法经营额或者违法经营额不足 5 万元的,可以处 25 万元以下的罚款。对 5 年内实施两次以上商标侵权行为或者有其他严重情节的,应当从重处罚。销售不知道是侵犯注册商标专用权的商品,能证明该商品是自己合法取得并说明提供者的,由工商行政管理部门责令停止销售。

对侵犯商标专用权的赔偿数额的争议,当事人可以请求进行处理的工商行政管理部门调解,也可以依照《中华人民共和国民事诉讼法》向人民法院起诉。经工商行政管理部门调解,当事人未达成协议或者调解书生效后不履行的,当事人可以依照《中华人民共和国民事诉讼法》向人民法院起诉。

侵犯商标专用权的赔偿数额,按照权利人因被侵权所受到的实际损失确定;实际损失难以确定的,可以按照侵权人因侵权所获得的利益确定;权利人的损失或者侵权人获得的利益难以确定的,参照该商标许可使用费的倍数合理确定。对恶意侵犯商标专用权,情节严重的,可以在按照上述方法确定数额的 1 倍以上 3 倍以下确定赔偿数额。赔偿数额应当包括权利人为制止侵权行为所支付的合理开支。

人民法院为确定赔偿数额,在权利人已经尽力举证,而与侵权行为相关的账簿、资料主要由侵权人掌握的情况下,可以责令侵权人提供与侵权行为相关的账簿、资料;侵权人不提供或者提供虚假的账簿、资料的,人民法院可以参考权利人的主张和提供的证据判定赔偿数额。

权利人因被侵权所受到的实际损失、侵权人因侵权所获得的利益、注册商标许可使用费难以确定的,由人民法院根据侵权行为的情节判决给予300万元以下的赔偿。

注册商标专用权人请求赔偿,被控侵权人以注册商标专用权人未使用注册商标提出抗辩的,人民法院可以要求注册商标专用权人提供此前3年内实际使用该注册商标的证据。注册商标专用权人不能证明此前3年内实际使用过该注册商标,也不能证明因侵权行为受到其他损失的,被控侵权人不承担赔偿责任。

销售不知道是侵犯注册商标专用权的商品,能证明该商品是自己合法取得并说明提供者的,不承担赔偿责任。

未经商标注册人许可,在同一种商品上使用与其注册商标相同的商标,构成犯罪的,除赔偿被侵权人的损失外,依法追究刑事责任。

伪造、擅自制造他人注册商标标识或者销售伪造、擅自制造的注册商标标识,构成犯罪的,除赔偿被侵权人的损失外,依法追究刑事责任。

销售明知是假冒注册商标的商品,构成犯罪的,除赔偿被侵权人的损失外,依法追究刑事责任。

我国于2010年7月1日正式开始实施《中华人民共和国侵权责任法》,对网络提供商的侵权情况作出具体规定:网络用户、网络服务提供者利用网络侵害他人民事权益的,应当承担侵权责任。网络用户利用网络服务实施侵权行为的,被侵权人有权通知网络服务提供者采取删除、屏蔽、断开链接等必要措施。网络服务提供者接到通知后未及时采取必要措施的,对损害的扩大部分与该网络用户承担连带责任。网络服务提供者知道网络用户利用其网络服务侵害他人民事权益,未采取必要措施的,与该网络用户承担连带责任。《中华人民共和国侵权责任法》第三十六条是公认的规制互联网侵权行为的"专条",毫无疑问,这对于认定网络侵权责任具有重大意义。

但纵观我国整个商标法的部门立法,对网络商标侵权行为的规定较为薄弱,尚没有针对网络商标侵权出台专门的法律或司法解释。非严格法律意义上规则和责任并存,这在一定程度上体现出网络自治的特点。少量关于网络环境下对商标权的保护的规定零散存在于《中华人民共和国商标法实施条例》《最高人民法院关于审理商标民事纠纷案件适用法律若干问题的解释》《关于审理涉及计算机网络域名民事纠纷案件适用法律若干问题的解释》《第三方电子商务交易平台服务规范》之中,而且并未对具体责任认定和承担等问题进行阐述。司法实践中主要还是依据传统的法律对新型的商标侵权行为加以规制。由于网络服务中涉及的商标问题形式多样,现行的法律法规缺乏明确的规定予以规范,调整范围也很有限。

现行法律法规对网络链接、搜索引擎等引起的商标侵权都没有提到,也没有关于网络环境下商标权保护的特别规定。因此,处理这类纠纷最经常的做法就是援引《中华人民共和国反不正当竞争法》的相关规定来进行兜底保护。比如发生隐形商标侵权诉讼,根据我国《商标法》的规定,商标必须使消费者能从外观上加以辨识,而元标记中使用他人的商标缺乏这种可辨性,所以并不适用《商标法》,这就只剩下《中华人民共和国反不正当竞争法》可以适用了。

6.3　域名保护法律制度

6.3.1　域名概念与法律特征

由 TCP/IP 协议规定,每一个接入互联网的"网络"为一个局域网。一个局域网有一台核心机器和与其相连的若干计算机。为了便于识别各个局域网、核心机器以及众多的计算机,TCP/IP 协议规定了一种互联网的网址。它是用 4 组以圆点隔开的阿拉伯数字表示,如:168.110.164.123。这种地址的每一组均可选择阿拉伯数字 0～255 中的任何一个整数,分别对应于 8 位二进制代码,4 组数字最多为 12 位阿拉伯数字,对应 32 位二进制代码。互联网采用这种 IP 地址,使联网机器的管理有序且直观。但对于网络使用者而言,这些数字冗长、毫无特色、难以记忆与识别。

域名与计算机的 IP 地址相对应,是指互联网络上识别和定位计算机的层次结构式的字符标志。可以把域名理解为接入互联的单位在互联网上的名称。一般域名带有语义色彩,便于识别和记忆,因此人们习惯于通过域名来查找接入互联网单位的网络地址。

域名的法律特征在很大程度上取决于它的技术特征,主要包括:

(1)技术性

域名首先作为网络技术的产物,具有浓厚的技术特征。域名背后的技术是网络地址,网络地址是由一串数字组成的,使用二进制数,包含 32 位,被分为 4 个 8 位组,通常以十进制表示。域名的技术性主要表现在能够使用户进入特定网页的字符字段上,该字符字段所具有的特定指向性和电话号码无异。

(2)唯一性

域名的唯一性来源于网络技术原因。虽然一个 IP 地址可以对应多个域名,但是由于一个域名只能对应一个 IP 地址,因此一个域名被注册之后,在全球范围内只有一个因特网的前提下,域名是独一无二的。从这个意义上说,域名的唯一性是绝对的。

（3）稀缺性

唯一性和稀缺性是一对因果概念,根据"先申请先注册"的原则,一个域名只能被注册一次。虽然将人类已知的字符进行排列组合,可以创造出无穷个域名组合,但是使用经验告诉我们域名中的主要识别部分并没有那么丰富。这些核心部分围绕我们的生活词汇展开,而且往往与商业标识更密切。除去已被注册的域名,可供选择的理想域名越来越少。

（4）全球性

域名依托计算机网络而生。计算机网络的无国界性使得网络访问也具有无国界的特点。在任何地方注册的域名都可以访问世界任何角落。所以任何一个域名都是通往全球任意角落的独一无二的钥匙。

（5）标识性与价值性

商业域名是域名中的一部分,更多体现识别性,具有商业标识功能。商业域名一般表现为持有人因商业目的而注册、使用的域名,并且商业域名往往是与商标、商号等商业标识相关的域名。这类域名因其与特定主体、商品和服务紧密联系,更多地体现了识别性和标示性,具备商业功能,具有商业价值,能产生经济效益。这也是商业域名遭到抢注或者导致域名纠纷的根本原因。

6.3.2 域名管理与注册

2004年9月原信息产业部（现为工业与信息化部）审议通过《中国互联网络域名管理办法》（以下简称《域名管理办法》）。该办法保障了我国互联网络域名系统安全、可靠地运行,规范了我国域名系统管理和域名注册服务。2012年5月,中国互联网信息中心修订完成《中国互联网络信息中心域名注册实施细则》（以下简称《域名注册实施细则》）,予以实施。2009年6月实施的该细则同时废止。2016年3月工业与信息化部公开征求对《互联网域名管理办法（修订征求意见稿）》的意见。

1）工业和信息化部

工业和信息化部负责我国互联网络域名的管理工作,主要职责是：

①制定互联网络域名管理的规章及政策；

②制定国家（或地区）顶级域名 CN 和中文域名体系；

③管理在中华人民共和国境内设置并运行域名根服务器（含镜像服务器）的域名根服务器运行机构；

④管理在中华人民共和国境内设立的域名注册管理机构和域名注册服务机构；

⑤监督管理域名注册活动；

⑥负责与域名有关的国际协调。

我国互联网的域名体系由工业和信息化部以公告形式予以公布。根据域名发展的实际情况,可以对互联网的域名体系进行调整,并发布更新公告。在中华人民共和国境内设立域名注册管理机构和域名注册服务机构,应当经工业和信息化部批准。因国家安全和处置紧急事件的需要,域名注册管理机构和域名注册服务机构应当服从工业和信息化部的统一指挥与协调,遵守并执行工业和信息化部的管理要求。工业和信息化部应当加强对域名注册管理机构和域名注册服务机构的监督检查,纠正监督检查过程中发现的违法行为。

2)域名注册管理机构

域名注册管理机构,是指承担顶级域名系统的运行、维护和管理工作的机构。申请成为域名注册管理机构,应当具备以下条件:

①在中华人民共和国境内设置顶级域名服务器(不含镜像服务器),且相应的顶级域名符合国际互联网域名体系和我国互联网域名体系;

②有与从事域名注册有关活动相适应的资金和专业人员;

③有从事互联网域名等相关服务的良好业绩和运营经验;

④有为用户提供长期服务的信誉或者能力;

⑤有业务发展计划和相关技术方案;

⑥有健全的域名注册服务监督机制和网络与信息安全保障措施;

⑦符合国家其他有关规定。

域名注册管理机构应当自觉遵守国家相关的法律、行政法规和规章,保证域名系统安全、可靠地运行,公平、合理地为域名注册服务机构提供安全、方便的域名服务。无正当理由,域名注册管理机构不得擅自中断域名注册服务机构的域名注册服务。域名注册管理机构应当配置必要的网络和通信应急设备,制定切实有效的网络通信保障应急预案,健全网络与信息安全应急制度。

3)域名注册服务机构

域名注册服务机构,是指受理域名注册申请,直接完成域名在国内顶级域名数据库中注册、直接或间接完成域名在国外顶级域名数据库中注册的机构。从事域名注册服务活动,应当具备下列条件:

①是依法设立的企业法人或事业法人;

②注册资金不得少于人民币 100 万元,在中华人民共和国境内设置有域名注册服务系统,且有专门从事域名注册服务的技术人员和客户服务人员;

③有为用户提供长期服务的信誉或者能力;

④有业务发展计划及相关技术方案;

⑤有健全的网络与信息安全保障措施；

⑥有健全的域名注册服务退出机制；

⑦符合国家其他有关规定。

域名注册服务机构应当自觉遵守国家相关法律、行政法规和规章,公平、合理地为用户提供域名注册服务。域名注册服务机构不得采用欺诈、胁迫等不正当的手段要求用户注册域名。域名注册服务机构的名称、地址、法定代表人等登记信息发生变更或者域名注册服务机构与其域名注册管理机构的合作关系发生变更或终止时,域名注册服务机构应当在变更或终止后30日内报工业和信息化部备案。

4)域名注册申请者

域名注册申请者(以下简称申请者)应当是依法登记并且能够独立承担民事责任的组织。

域名注册服务遵循"先申请先注册"原则。申请注册域名,可以通过联机注册、电子邮件、书面申请等方式向域名注册服务机构递交域名注册申请表,提出域名注册申请,并且与域名注册服务机构签订域名注册协议。域名注册申请者应当提交真实、准确、完整的域名注册信息,并与域名注册服务机构签订用户注册协议。

域名注册申请表应当包括以下内容：

①申请注册的域名；

②域名主域名服务器和辅域名服务器的主机名以及IP地址；

③申请者为自然人的,应提交姓名、通信地址、联系电话、电子邮箱等；申请者为组织的,应提交其单位名称、组织机构代码、通信地址、电子邮箱、电话号码等；

④申请者的管理联系人、域名技术联系人、缴费联系人、承办人的姓名、通信地址、电子邮件、电话号码；

⑤域名注册年限。

任何组织或个人注册和使用的域名,不得含有下列内容：

①反对宪法所确定的基本原则的；

②危害国家安全,泄露国家秘密,颠覆国家政权,破坏国家统一的；

③损害国家荣誉和利益的；

④煽动民族仇恨、民族歧视,破坏民族团结的；

⑤破坏国家宗教政策,宣扬邪教和封建迷信的；

⑥散布谣言,扰乱社会秩序,破坏社会稳定的；

⑦散布淫秽、色情、赌博、暴力、凶杀、恐怖或者教唆犯罪的；

⑧侮辱或者诽谤他人,侵害他人合法权益的；

⑨含有法律、行政法规禁止的其他内容的。

域名注册服务机构负责受理域名注册申请,并对域名注册申请材料进行审核。域名注册服务机构应当在收到域名注册申请后一个工作日内向中国互联网络信息中心提交《域名注册实施细则》第十六条规定的信息。

域名注册服务机构应加强域名注册审查,确保通过本机构注册的域名不违反《域名管理办法》的规定;中国互联网络信息中心对已注册的域名进行复审。中国互联网络信息中心对已注册域名的注册信息进行复核。对于违反《域名管理办法》第二十七条规定及注册信息不真实、不准确、不完整的域名,通知域名注册服务机构予以注销。

域名注册完成后,域名注册申请者即成为其注册域名的持有者。

6.3.3　域名纠纷与法律应对

我国互联网建设起步虽晚但发展迅猛。随着域名注册量的逐年激增,网络用户过亿,域名纠纷案件越发凸显。宜家域名案作为我国法院首次在审判中对驰名商标进行认定和保护的涉外域名和商标纠纷案件,是众多驰名商标被抢注为域名案件中较为典型的一个,也是催生 2001 年最高人民法院颁布《最高人民法院关于审理涉及计算机网络域名民事纠纷案件适用法律若干问题的解释》(以下简称《域名纠纷解释》)的动力之一。

计算机网络域名在网络环境下产生了与商标、商号等相类似的一种区别域名使用人及其服务的标识性功能。域名的注册、使用等行为,使域名的标识性功能产生和得到发展,使域名的经济价值得以实现,也就可能发生域名与传统的商标、商号等民事权益主体之间的冲突。围绕着域名注册、使用等而产生的民事纠纷,具有相同的特点和适用法律的一致性。所以,根据《域名纠纷解释》的规定,人民法院受理的域名纠纷案件,是指所有涉及计算机网络域名注册、使用等行为的民事纠纷案件,包括域名与驰名商标、普通注册商标、商号、知名商品特有名称、姓名等权利主体之间的纠纷案件。由于域名的注册、使用能够为注册、使用人带来一定的经济利益,因此,域名亦具有民事权益的属性,域名与域名使用主体之间的争议也属于人民法院受理域名纠纷案件的范围。

近些年来制定的与解决域名纠纷有关的法律和司法解释是在总结了多年审判实践经验后产生的,所以条文内容大多体现为列举某个或者某些具体的行为特征,具有很强的针对性和适用性。

认定被告实施的网络域名注册、使用行为是否构成侵权或不正当竞争,是依法正确审理域名纠纷案件的关键问题。因此,《域名纠纷解释》明确具体地规定了行为人注册、使用域名行为构成侵权或者不正当竞争的 4 项条件:

①原告请求保护的民事权益合法有效;

②被告域名或其主要部分构成对原告驰名商标的复制、模仿、翻译或音译；或者与原告的注册音标、域名等相同或近似，足以造成相关公众的误认；

③被告对该域名或其主要部分不享有权益，也无注册、使用该域名的正当理由；

④被告对该域名的注册、使用具有恶意。

当被告注册、使用域名等行为同时具备上述 4 个要件时，人民法院应当认定其构成侵权或不正当竞争。认定侵权的 4 项条件中，对前 3 项的认定一般比较容易，最后判定被告是否构成侵权往往取决于其是否具有恶意。因此，对恶意的认定，是审理域名纠纷案件的关键，体现了对域名注册、使用行为进行限制的尺度。

所谓恶意，即是行为人明知违反"诚实信用"等民事法律的基本原则仍而为之，实际上就是指主观上具有侵权故意。由于行为人实施行为时主观上的"明知"与否，往往不易证明，因此国际上为应对涉及网络域名注册使用的"恶意"，规定了若干个情形，行为人所实施的行为有情形之一者，就推定其明知而为或者称为具有恶意。针对网络域名纠纷发生的实际情况，该司法解释列举了 4 种最为常见的恶意情形，因而只要具有所列情形之一，人民法院就可以认定被告主观上具有恶意。这 4 种情形如下所述：

①为商业目的将原告驰名商标注册为自己的域名。驰名商标一般为相关公众所知晓，使其所代表的商品或服务明显区别于其他商品或服务。但行为人为商业目的，将他人驰名商标注册为域名，搭乘驰名商标便车的主观故意明显，是一种违反诚实信用原则的行为。该司法解释这项规定体现了对驰名商标给予特殊保护的精神。

②为商业目的注册、使用与原告的注册商标、域名等相同或近似的域名，故意造成与原告提供的产品、服务或者原告网站相混淆，误导网络用户访问其网站或其他在线站点。被告的上述行为也明确地体现了被告违反诚实信用、公平竞争市场经济规则的主观状态，这也是对驰名商标以外的其他注册商标、域名等民事权益以及民事主体在市场中正当经营行为的一种保护。

③要约以高价出售、出租或者以其他方式转让该域名获取不正当利益。善意与恶意的一个重要区别点，是行为人行为的目的是否为获取不正当的利益。有的行为人以正常注册费将与他人权利相关的大量域名予以注册。然后向权利人要约高价出售这些域名，来牟取非法收益。此种明显违反民法诚实信用原则的行为，显然不为国家法律所容忍。有此种行为的，可以认定为被告主观上具有恶意。至于何谓高价，应当由人民法院在原告举证、陈述理由和被告答辩的基础上根据具体案情确定。

④域名注册后自己不联机使用，也未准备作联机地址使用，而囤积域名是有意阻止相关权利人注册该域名。网络域名具有唯一性的特征，也属于一种"稀缺的资源"。如果注册域名不用，也无迹象准备使用，又阻止与该域名有某种联系的权利人合法注册使

用,则从另外一个角度体现了行为人的主观恶意。当然并不是所有不使用行为都具有恶意,例如域名持有人为了防止他人注册与自己相近似域名造成混淆而注册域名的,就不能认定为恶意。

此外,实践中的情况是复杂的,人民法院根据案件的具体情况,对其他违反民法诚实信用原则的突出情形,也可以认定行为人主观上具有恶意。

我国法律并没有明文规定域名的法律属性,在涉及域名法律纠纷的案件中,也仅仅是根据域名纠纷案件的案由,根据双方当事人争议的法律关系的性质确定,并在其前冠以计算机网络域名。如果争议的法律关系的性质难以确定,可以将其通称为计算机网络域名纠纷案件。域名到底属于何种法律权利客体,法律地位如何确定并没有得到真正明确。这不利于我国网络商务的发展,同时给司法程序解决域名争端带来了障碍。

2002 年 9 月中国互联网络信息中心颁布出台《中国互联网络信息中心域名争议解决办法》(以下简称《解决办法》)和《中国互联网络信息中心域名争议解决办法程序规则》(以下简称《程序规则》)。在此之后的 2006 年、2012 年以及 2014 年,中国互联网络中心对该《解决办法》和《程序规则》进行了数次修订。每一次修订,中国互联网信息中心都会对已出现的域名纠纷案件进行深入分析、讨论,以使修订后的条文更具现实意义与操作性。这不仅有利于公平、高效地解决域名纠纷,也有利于建立有序、活跃的域名体系。

任何人认为他人已注册的域名与其合法权益发生冲突的,均可以向争议解决机构提出投诉。争议解决机构受理投诉后,应当按照程序规则的规定组成专家组,并由专家组根据本办法及程序规则,遵循"独立、中立、便捷"的原则,在专家组成立之日起 14 日内对争议做出裁决。投诉人和被投诉人应当对各自的主张承担举证责任。

符合下列条件的,投诉应当得到支持:

①被投诉的域名与投诉人享有民事权益的名称或者标志相同,或者具有足以导致混淆的近似性;

②被投诉的域名持有人对域名或者其主要部分不享有合法权益;

③被投诉的域名持有人对域名的注册或者使用具有恶意。

被投诉的域名持有人具有下列情形之一的,其行为构成恶意注册或者使用域名:

①注册或受让域名的目的是为了向作为民事权益所有人的投诉人或其竞争对手出售、出租或者以其他方式转让该域名,以获取不正当利益;

②多次将他人享有合法权益的名称或者标志注册为自己的域名,以阻止他人以域名的形式在互联网上使用其享有合法权益的名称或者标志;

③注册或者受让域名是为了损害投诉人的声誉,破坏投诉人正常的业务活动,或者

混淆与投诉人之间的区别,误导公众;

④其他恶意的情形。

被投诉人在接到争议解决机构送达的投诉书之前具有下列情形之一的,表明其对该域名享有合法权益:

①被投诉人在提供商品或服务的过程中已善意地使用该域名或与该域名相对应的名称;

②被投诉人虽未获得商品商标或有关服务商标,但所持有的域名已经获得一定的知名度;

③被投诉人合理地使用或非商业性地合法使用该域名,不存在为获取商业利益而误导消费者的意图。

专家组根据投诉人和被投诉人提供的证据及争议涉及的事实,对争议进行裁决。专家组认定投诉成立的,应当裁决注销已经注册的域名,或者裁决将注册域名转移给投诉人。专家组认定投诉不成立的,应当裁决驳回投诉。

在依据《解决办法》提出投诉之前,争议解决程序进行中,或者专家组作出裁决后,投诉人或者被投诉人均可以就同一争议向中国互联网络信息中心所在地的中国法院提起诉讼,或者基于协议提请中国仲裁机构仲裁。

我国的域名注册实行的仅仅是形式审查,只要符合条件即可申请域名,而不进行深入的实质性审查,即对被注册的域名是否侵犯其他人的权利作实质性审查。这种注册制度虽然大大增加了域名注册的效率,但是却降低了合法权利得到维护的安全性。同时对域名注册人采取的是终身制原则,只要没有出现法定的终止现象,域名注册人可以无限期地拥有该域名。这种做法不利于预防域名纠纷的发生,同时也增加了域名纠纷的诉讼成本。

由于现行法律对传统知识产权保护的规定比较健全,因而传统知识产权在司法纠纷处理中占有优势。这种侧重对传统知识产权保护的情形,无疑忽略了域名持有人的利益。在我国现行法律体系规定中,传统知识产权在纠纷解决中占有优先地位,只要有人提出并证明域名确实同这些权利发生冲突,那么域名将被无条件地注销或转让给"正当"权利人。

本章小结

网络著作权,并非《著作权法》法定的著作权人享有的专有权利,不是知识产权中的法定概念。本章内容将网络著作权定义为：法律赋予著作权人享有对作品的专有权利在互联网络中的延伸。虽然《著作权法》及其相关条例无法对于作品的范围列举穷尽，但具备"独创性"与"可复制性"的各类成果均属于著作权法律制度保护的对象。

网络传播权案件纠纷分为直接侵权与间接侵权。"直接侵权"是指未经版权人许可也缺乏"合理使用"或"法定许可"等抗辩理由，而实施受版权人专有权利控制的行为。"间接侵权"是指行为人并未直接实施受专有权利控制的行为，但其行为与他人的"直接侵权"行为之间存在特定关系，一些国家的版权法或司法判例中也将这类行为规定为侵权行为。

商标的专用权是商标权人最基本的一项权利，即商标权人有权将核准注册的商标使用在核定使用的商品或者服务上，其他权利均是从商标专用权衍生出来的。本章内容将网络商标侵权行为定义为：以网络和与网络有关的技术工具为载体或手段来实施的侵犯他人商标专用权的行为。与传统商标侵权相比较，不仅有实施领域的改变，更有侵权手段的演变。

我国法律有关网络商标侵权行为的规约较少，尚没有针对网络商标侵权出台专门的法律或司法解释。非严格法律意义上规则和责任并存，这在一定程度上体现出网络自治的特点。

域名是与计算机的 IP 地址相对应，是指互联网络上识别和定位计算机的层次结构式的字符标志。域名的法律特征在很大程度上取决于它的技术特征，主要包括：技术性、唯一性、稀缺性、全球性、标示性与价值性。工业和信息化部负责我国互联网络域名的管理工作，域名体系以公告形式予以公布。域名注册管理机构是指承担顶级域名系统的运行、维护和管理工作的机构。域名注册服务机构是指受理域名注册申请，直接完成域名在国内顶级域名数据库中注册、直接或间接完成域名在国外顶级域名数据库中注册的机构。

任何人认为他人已注册的域名与其合法权益发生冲突的，均可以向争议解决机构提出投诉。争议解决机构受理投诉后，应当按照程序规则的规定组成专家组，并由专家组根据《解决办法》及《程序规则》，遵循"独立、中立、便捷"的原则，在专家组成立之日起 14 日内对争议做出裁决。投诉人和被投诉人应当对各自的主张承担举证责任。

【案例分析】

原告上海东方网股份有限公司是由解放日报社、文汇新民联合报业集团、上海电视台、上海东方电视台等新闻单位联合上海东方明珠股份有限公司、上海市信息投资股份有限公司共同投资发起设立，并经上海市人民政府批准和工商注册成立的股份有限公司。原告于 2013 年 5 月中旬获得上载新闻批复和公众信息服务业准营证，并于 2013

年 5 月 28 日正式开通了域名"eastday. com"与"eastday. com. cn",中文名称为"东方网"。东方网是一家大型综合性信息服务网站,通过互联网为广大网民提供新闻及信息服务。其开通时下设"东方首页""东方新闻""东方财经""东方体育""东方商机""东方生活""东方文苑""东方图片""东方论坛"九大频道。

原告在域名开通前,在国内外做过高强度、全方位的广告宣传,推展自己的企业形象和"eastday. com"与"eastday. com. cn""东方网"服务品牌。域名开通后,原告网站平均日页读数为 140 万~150 万,被中宣部列为全国重点扶持的九大新闻宣传网站之一。

原告网站开通不久,被告山东东方网即经营了域名为"eastdays. com"和"eastdays. com. cn"的网站,被告网站的首页面标头、九大频道的名称及页面布局、颜色等与原告极其近似或相同,且每个频道(内页)页面风格、布局、文字、色彩、字体等选用也仿照原告网站,甚至被告网站的许多内容也来自原告网站。且其在自我介绍栏目中声称"东方网是中国地区最大的提供新闻媒介服务和相关信息服务的媒介网站之一",并据此在网上进行公开的广告招商。

原告认为,被告蓄意注册近似域名"eastdays. com"和"eastdays. com. cn",同样使用"东方网"名称、相同的频道名称,使用近似的网站标志和页面风格、布局、文字、字体和色彩,提供与原告网站同样的信息服务,侵害了原告的著作权,并因此造成了或者足以造成网民的误认和混淆,被告这种行为严重违背了商业经营中诚实信用的基本原则和公认的商业道德,构成了不正当竞争行为,给原告造成了巨大的经济及名誉损失,因此请求法院判决被告赔偿损失。

被告认为,在 2013 年 5 月 28 日原告"东方网"正式开通之前,互联网上已有"东方网"或包含"东方网"3 个字的网站,因此原告对于"东方网"网站名称不享有任何权利,而且原告也不享有注册商标专用权;原告也未注册 eastday 作为商标或对此享有其他在先权利,无权排斥他人注册和使用与原告不相同的域名"eastdays. com"和"eastdays. com. cn"。

试问:被告行为的性质是什么?是否构成恶意抢注?

【复习思考题】

1. 著作权在互联网上的侵权形式有哪些类型?
2. 如何保护著作权在互联网上不受侵害?
3. 电子商务环境下应如何保护驰名商标?
4. 简述网络商标侵权的法律责任。
5. 简述域名的法律性质及其与商标、商号的区别。
6. 如何认定网络域名注册、使用行为是否构成侵权或不正当竞争?

第7章
电子商务中其他若干问题及其法律保护

【学习目标】

了解传统购物与网络购物在消费者权益保护上的差异;了解目前电子商务中消费者权益保护的突出问题,重点掌握消费者知情权、退货权、销售者的产品质量义务。

明确网络广告的定义与表现形式;熟悉《中华人民共和国广告法》关于互联网广告、广告行业自律、广告监管等规定;了解大众传播媒介中发布广告的规定;理解引人误解的虚假宣传的含义与特征;熟悉虚假宣传的分类以及相关的法律规定。

认识税收法律制度的基本知识;了解电子商务对现行税法制度的影响;了解是否应征我国电子商务税的几种观点。

7.1   电子商务中的消费者权益保护

7.1.1   网购消费者权益保护概述

所谓消费者是指购买商品、使用商品或接受服务的人,包括自然人、法人和其他社会组织。然而,消费者权益保护法所指的消费者,是专指为了满足生活需要而直接购买商品、使用商品或接受服务的居民个人,而不包括生产消费者。电子商务消费者则是指通过网络而购买商品、使用商品或接受服务的人。

网络环境下消费者保护或消费者信任包含两个方面的内容:一个是传统消费者权益保护法意义上的消费者保护内容;另一个是网上交易安全的内容,也就是使消费者相信网络交易的真实性和可靠性。这两个方面共同的目的是使消费者信赖这种交易方式,使消费者在网络环境下发生的交易同样受到与普通交易一样的保护。

在线交易是非面对面交易,消费者不能看货订购,而只是通过描述、图片等广告或宣传订立合同,既没有直接感官认识,更没有机会验货,在经营者没有充分公开相关信息时,往往导致消费者误解,甚至受欺诈。在线交易也是一种非实时结算的交易,通常先由消费者通过信用卡、第三方支付工具或其他支付手段付款,经营者收到款后才发货。由于在线交易消费者通常处于劣势,特别是先行付款的消费者将冒更大的风险。传统的消费者保护法对电子商务中的消费者权益保护问题同样适用,只是电子商务的特殊性需要对其提出特殊的规则。因此,法律上就必须有特殊的规定,以保护消费者的利益,同时也维护交易的公平秩序。

7.1.2 电子商务中消费者权益保护的突出问题

《中华人民共和国消费者权益保护法》(以下简称《消费者权益保护法》)《中华人民共和国产品质量法》和《中华人民共和国合同法》等法律确立了传统消费契约条件下的消费者保护体系,但在电子商务情形下,由于其与传统交易和传统消费契约的区别,可能会出现以下问题:

(1)极易发生网上欺诈现象

在网络交易的情形下,消费者对产品的了解只能通过网上的宣传和图片,对产品实际的质量情况和产品本身可能存在的隐蔽瑕疵、产品缺陷无法得知。当收到的商品存在问题时,他们又面临着投诉难的问题。虽然网络最大的优点是打破了地域的限制,但它在给消费者带来便利的同时也造成投诉无门或维权成本过高的问题。因此,消费者的知情权和投诉权较之传统的交易方式,受到了很大的限制。这也正是消费者对网上购物审慎选择的重要原因。

(2)电子监控与传统隐私价值的冲突

所谓电子监控,又称为电子控制,是电子信息界的一种技术词汇,它主要指电子信息技术开发商、供应商对信息利用所进行的限制。享有电子监控权的一方在某种情况下有权对另一方采取限制信息使用的措施。这种措施可以是某个程序、代码、设置或类似的电子或物理的措施,如使用用户认证程序,对软件版本的使用次数进行限制,对信息访问范围或实践的限制等技术措施。电子监控措施对知识产权的保护起到了非常积极的作用,但 Internet 电子监控权的不当行使有可能会给用户带来极大的损失。例如,Cookies 工具让互联网用户无处可逃。一些网络公司在网页上埋设了具有跟踪功能的Cookies 工具测定并跟踪用户在网站上所进行的操作。由于 Cookies 具有重塑网络使用者所从事的网络活动的功能,通过对消费者在网络上访问网站、查看产品广告、购买产品等行为的跟踪,结合网络注册系统,就可以得出消费者的健康状况、休闲嗜好、政治倾向、宗教信仰等资料,从而生成有关顾客的个人档案。

再如,在电子认证的过程中网络经营者也就获得了许多客户的私人信息,这些私人信息的不当使用就有可能给客户带来人身或财产上的损失。现在有很多无法继续经营的网站就是靠出卖客户信息生存。电子监控一般需要许可方能行使,但在网络条件下,许多访问合同中的电子监控权条款都是格式条款,又在形式上以消费者的"同意"或"接受"为生效前提,但恰恰是这种形式上的约定条款导致了对消费者的必然不公平。

人们对于网络条件下个人信息的安全性越来越担忧。隐私权保护或网络安全已经成为电子商务发展最大的挑战,许多受调查对象认为只有在隐私权保护得到有效保证的前提下才会从事网络交易。还有一些特别重视隐私权保护的消费者由于担心个人隐私得不到有效的保障而放弃了网上购物。

（3）电子自助与消费者的财产安全

电子自助,是与电子控制紧密联系的问题。前者是在合同关系中,根据协议条款所采取的技术控制,而后者因为对方侵权或违约,技术提供方为了维护自己的权益,在没有协议规定的情况下所采取的技术控制。可以说,电子自助是电子控制的延伸。我国也曾出现过某公司在其开发的软件中设置电子自助,而引起主管部门出面干涉的案例。该公司曾宣称在其杀毒软件中设置了电子"炸弹",如果有人不经该公司的许可,私自拷贝或使用盗版软件,其中的"炸弹"就会自动"爆炸",不仅毁坏杀毒软件本身,而且还将干扰侵权者的计算机操作系统的正常运行,甚至破坏硬盘。后来的处理结果是,公安部计算机安全委员会发文禁止这种电子自助行为。对于技术提供商能否采取电子自助方式维护其权益,也曾出现过两种不同的意见。支持者认为这是对侵权者的制裁,从道义上是可行的,因为公力救济机关的精力、技术、经费有限,不可能有效制止侵权活动,私力救济不仅合理,而且有必要。反对者认为电子自助的界限很难把握,可能被滥用,殃及许多无辜的用户或者会破坏系统中其他文件。

（4）在线交易的退换货问题

《消费者权益保护法》第二十五条规定,经营者采用网络、电视、电话、邮购等方式销售商品,消费者有权自收到商品之日起 7 日内退货,且无需说明理由。在线下载或者消费者拆封的音像制品、计算机软件等数字化商品被排除适用 7 天无条件退货。虽然消费者可以在线浏览某些产品,但对于大部分产品来说能够了解多少都取决于网络经营者的披露。另外,消费者也有可能利用数字产品的可复制性最终损害经营者的利益。在这种情况下,消费者如果提出数字化产品的退货要求,又如何处理呢?

（5）点击合同和拆封授权合同与传统意思表示理论的摩擦

就普通的合同而言,当事人之间充分的协商似乎是天经地义的,但在电子商务中,我们会看到大量的合同都是点击合同和拆封授权合同。这意味着终端用户对这两种合同中的条款只有同意或不同意的选择权,而没有对条款的选择权,更不要说协商的权利了。如果终端用户非常渴望进入该系统,尽管对条款中的某些条件极为不满,但为了使用该系统只能选择同意。对于电子合同而言,这就造成了消费者和经营者都没有协商的机会或空间。那么这些条款能否适用我国《中华人民共和国合同法》关于格式条款的效力的规定呢？

（6）经营场所的虚拟化与消费者权益保护的问题

在传统的消费者权益保护中，经营者对服务场所负有安全保障义务。在网络购物情形下，当特定的场所已虚拟化为网络上某一特定的结点时，传统的安全保障义务是否仍然适用，仍然需要进一步的探讨。例如，当消费者浏览某电子商务网站时，由于该网站被埋设了病毒或木马程序，从而对消费者的计算机构成了实质上的威胁或损害；或者是由于消费者通过网上结算，由于网络服务提供商所提供的网络服务的不安全性，而导致信用账号、密码等关键信息泄露……此时消费者是否可以根据经营场所安全保障义务要求有关当事人赔偿损失呢？诸如此类的问题，也是电子合同交易中消费者权益保护的重要问题。

7.1.3　电子商务活动中对消费者权益的法律保护

消费者的权利是消费者利益在法律上的体现，是国家对消费者进行保护的前提和基础。1985年联合国大会通过的《保护消费者准则》提出了保护消费者权益的一般性原则，主要有：

①保护消费者的健康和安全不受危害；

②促进和保护消费者的经济利益；

③使消费者有机会取得足够资料，让他们能够按照个人愿望和需要作出知情的选择；

④消费者教育，包括关于消费者所作选择的环境、社会和经济影响的教育；

⑤提供有效的消费者赔偿办法；

⑥享有建立消费者团体和其他有关团体或组织的自由，而这种组织对于影响到它们的决策过程有表达意见的机会；

⑦促进可持续消费形式。

这些权利被许多国家的消费者权益保护法所采用，在我国一些地方的立法中，也有所体现，尽管表述不大一致，但内容大体相同。因此，我国的消费者权益保护法在参考了国内外立法的通行规定的基础上，结合我国的实际情况，具体规定了消费者的9项权利：

①安全权。消费者在购买、使用商品和接受服务时享有人身、财产不受侵害的权利。

②知情权。消费者有权知悉其购买、使用的商品或接受的服务的真实情况。

③选择权。消费者有权自主选择商品或服务。

④公平交易权。消费者享有公平交易的权利。

⑤求偿权。消费者购买、使用商品或接受服务受到人身或财产损害的,享有依法获得赔偿的权利。

⑥结社权。消费者享有依法成立维护自身合法权益的社会团体的权利。

⑦获知权。消费者享有获得消费或消费者权益保护方面的知识的权利。

⑧受尊重权。消费者在购买、使用商品或接受服务时,享有人格尊严、民族风俗习惯得到尊重的权利。

⑨监督批评权。消费者依法享有对商品、服务和保护消费者权益工作进行监督的权利。

2013 年 10 月 25 日第十二届全国人民代表大会常务委员会第五次会议通过了修订《消费者权益保护法》的决定。这次修订是在 2009 年修订的《消费者权益保护法》内容上修改、增加和删除。新消法增加了 7 天无理由退货、强制召回、消协可以公益诉讼等内容,明确了精神损害赔偿权,加大了行政部门职责和严格保护个人信息等。下面结合《消费者权益保护法》重点解释消费者知情权、退货权和销售者的产品质量义务。

(1)消费者知情权

《消费者权益保护法》第八条规定:"消费者享有知悉其购买、使用的商品或者接受的服务的真实情况的权利。消费者有权根据商品或服务的不同情况,要求经营者提供商品的价格、产地、生产者、用途、性能、规格、等级、主要成分、生产日期、有效期限、检验合格证明、使用方法说明书、售后服务,或者服务的内容、规格、费用等有关情况。"

在传统购物方式中看货、验货或一手交钱一手交货的即时买卖,消费者可以直观地了解商品或者服务的真实情况,行使知情权比网络购物更容易。网络购物的最大特点是消费者进行远程购物,图片等相关信息可能会不真实,评价也有可能被歪曲,这些导致消费者知情权不能全面落实。虽然知情权同样适用于在线交易消费者,但是由于是通过查看图片或文字描述,通过网络平台订购前无法真实地查检货物,甚至一些秒杀促销情况下根本没机会询问卖主商品服务的具体详情。在经营者不提供信息或不提供完整真实信息的情况下,消费者的知情权就很难实现。

因此,只有通过正面地规定经营者应该提供的信息,才能使消费者有效行使知情权。《消费者权益保护法》第二十条明确规定:

经营者向消费者提供有关商品或者服务的质量、性能、用途、有效期限等信息,应当真实、全面,不得作虚假或者引人误解的宣传。

经营者对消费者就其提供的商品或者服务的质量和使用方法等问题提出的询问,应当作出真实、明确的答复。

经营者提供商品或者服务应当明码标价。

111

第二十八条对采取网络等渠道进行销售的经营者的信息披露义务作出了明确规定："采用网络、电视、电话、邮购等方式提供商品或者服务的经营者,以及提供证券、保险、银行等金融服务的经营者,应当向消费者提供经营地址、联系方式、商品或者服务的数量和质量、价款或者费用、履行期限和方式、安全注意事项和风险警示、售后服务、民事责任等信息。"

只有经营者履行如实告知商品或服务的真实情况的义务才能保障消费者的知情权。这项义务可以概括为:网上经营者应当提供充分、真实的信息以使消费者在充分了解信息的情况下作出真实的意思表示。经营者在网上介绍商品或宣传商品时应当包含知情权的内容,不得作引人误解的虚假宣传。

（2）消费者退货权

《消费者权益保护法》第二十五条规定:经营者采用网络、电视、电话、邮购等方式销售商品,消费者有权自收到商品之日起7日内退货,且无需说明理由。但消费者7日内无理由退货,需要为"反悔"买单,承担退货运费。经营者和消费者另有约定的,按照约定。消费者退货的商品应当完好。经营者应当自收到退回商品之日起7日内返还消费者支付的商品价款。按照国际惯例,7日在业内叫冷静期或反悔期,也就是说法律赋予消费者在适当期间单方解除合同的权利。这项关于消费者退换货方面的权利的修改非常接地气,是通过与一些网络购物平台的店主面对面交流等调研后,经过多次修改才完善的。这不仅有利于该项规定在电子商务中的落实,而且更有效地保护了消费者在电子商务消费渠道中的选择权。

第二十五条的退货权对一些特殊商品排除适用,具体包括:消费者定作的;鲜活易腐的;在线下载或者消费者拆封的音像制品、计算机软件等数字化商品;交付的报纸、期刊;以及其他根据商品性质并经消费者在购买时确认不宜退货的商品,不适用无理由退货。

（3）销售者的产品质量义务

《中华人民共和国产品质量法》规定,生产者应当对其生产的产品质量负责,要在产品或者其包装上加贴产品质量检验合格证明,要有中文标明的产品名称、生产厂厂名和厂址,限期使用的产品要标明生产日期和安全使用期或者失效日期;使用不当,容易造成产品本身损坏或者可能危及人身、财产安全的,要有警示标志或者中文警示说明;生产者不得生产国家明令淘汰的产品,不得伪造产地,不得伪造或者冒用他人的厂名、厂址,不得伪造或者冒用认证标志等质量标志。

对于销售者对产品质量的责任和义务,《中华人民共和国产品质量法》也规定:销售者应当建立并执行进货检查验收制度,验明产品合格证明和其他标识,并应当采取措施保持销售产品的质量。销售者不得销售失效、变质的产品,不得伪造或者冒用认证标志等质量标志,不得掺杂、掺假,不得以假充真、以次充好,不得以不合格产品冒充合格产品。

《消费者权益保护法》第十九条规定:"经营者发现其提供的商品或者服务存在缺陷,有危及人身、财产安全危险的,应当立即向有关行政部门报告和告知消费者,并采取停止销售、警示、召回、无害化处理、销毁、停止生产或者服务等措施。采取召回措施的,经营者应当承担消费者因商品被召回支出的必要费用。"与修改前相比,新《消费者权益保护法》删除了"严重"这一限制词,明确只要经营者发现其提供的商品或者服务存在缺陷,有危及人身、财产安全危险的,要做 3 件事情:一是要立即报告有关行政部门和告知消费者;二是要采取停止销售、警示、召回、无害化处理、销毁、停止生产或者服务等措施;三是消费者因商品被召回支出的必要费用要由经营者承担。

第三十三条规定,有关行政部门在各自的职责范围内,应当定期或者不定期对经营者提供的商品和服务进行抽查检验,并及时向社会公布抽查检验结果。

有关行政部门发现并认定经营者提供的商品或者服务存在缺陷,有危及人身、财产安全危险的,应当立即责令经营者采取停止销售、警示、召回、无害化处理、销毁、停止生产或者服务等措施。

这是《消费者权益保护法》首次以法律形式明确行政部门负有对商品或服务进行抽查检验后及时向社会公布的责任,同时多款规定强调存在缺陷的商品须及时召回,并对召回的方式、费用、不召回的处罚以及有关行政部门的职责等召回过程涉及的问题予以了详细、明确的规定。

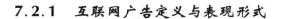

7.2　互联网广告及其法律规制

7.2.1　互联网广告定义与表现形式

广告是指商品经营者或者服务提供者通过一定媒介和形式直接或者间接地介绍自己所推销的商品或者服务的商业信息。从技术层面看,互联网广告是用电子多媒体技术设计制作,并以数字代码作为载体,基于互联网所投放的各类广告。从法律层面看,由互联网信息服务提供者通过互联网在网站或网页上以各种形式发布的广告称之为互联网广告或者网络广告。

互联网广告以何种形式存在又称网络广告的表现形式。互联网广告可以通过智能手机、电脑、PAD 等载体予以传播。同时由于网络技术的进步,网络广告的表现形式也随之丰富多彩,这里仅就网络广告几种最基本的表现形式进行介绍,主要有网络视频广告、电子邮件广告、网页广告等。

1）视频广告

网络视频广告是充分发挥数码技术先进性将传统视频广告通过网络形式予以体现,并通过网上视频展台展现企业在线产品实景。此类广告一般适用于企业专题、重大活动、新产品上市、产品展销会及其重大公告等。近年来,随着网络带宽改善,视频贴片广告同样得到了快速发展。

2）电子邮件广告

电子邮件广告是一种融入了各类形式的网络广告。其在电子邮件普及到个人用户时便应运而生。电子邮件广告传播范围广,而且阅读率极高,因为任何一封电子邮件都必须打开后才知道内容。电子邮件广告的细分包括却不止如下种类:

①E-mail 简讯广告,是由组织或个人创作广告内容并通过 E-mail 发送给订阅者的简讯;

②E-mail 游戏赞助广告,是通过赞助 E-mail 游戏树立品牌达到宣传目的的广告形式;

③直接发送 E-mail 广告,是直接将广告信息以电子邮件形式发送到用户邮箱。

3）网页广告

在网站的页面上发布广告信息的形式形成网页广告。网页广告形式多样,较为普遍的有旗帜广告、漂浮广告和文本图片链接广告等。

①旗帜广告是静态或动态的图片形式,一般散布在网页上。为突出表现力并增强交互性,它一般运用定位在网页中的图像文件来展现广告内容。旗帜广告不仅具有经过浓缩的广告词语,而且还利用精美别致的静态或动态图形以达到引起客户注意之效果。

②漂浮广告是不停在网页上漂移的广告,以引起网页使用者注意。

③图片或文本链接广告,是通过点击图片或者文字使其链接到相关广告页面。此种网络广告是对浏览者干扰最少的网络广告形式,但较难对用户造成强烈的直观吸引力,需点击后方可获得更多信息。

7.2.2　网络广告的法律规制

在市场经济中,所谓规制(Regulation)是指政府依据相关法规对市场活动进行的必要限制或制约,以达到规范市场的目的。网络广告作为广告生态系统的重要组成部分,对其确立相应的广告规制是指由各种相互制约的力量综合发挥作用而形成的规则体系。具体内容包括:第一,网络广告参与者即广告主、广告发布者及其广告经营者以及相关网络信息管理者依照行业自律规定及其相关法律规定对网络广告进行自行策划、监督与控制,从而保证广告的合法性;第二,国家广告监营机构通过立法、司法、行政等手段对于网络广告及其参与者行为进行依法有效的监督管理和有效惩处与救济,以维护广告行业秩序,保障消费者利益,合理利用网络广告使其在网络经济发展中发挥积极作用。

《中华人民共和国广告法》(以下简称《广告法》)作为网络广告规制的基本法律之一,制定于 1994 年且在网络广告出现之前。经过二十多年的司法实践,其于 2015 年 4 月 24 日由十二届全国人大常委会第十四次会议修订通过,自 2015 年 9 月 1 日起施行新的《广告法》。这次修订主要围绕规范广告活动,适应广告发布媒介形式发生的变化,解决广告实践中产生的突出的问题等来开展的。

1)《广告法》对网络广告的规定

《广告法》第四十四条和第四十五条对互联网广告进行了规范。主要包括 3 个方面的内容:

①规定"利用互联网从事广告活动,适用本法的各项规定"。这是一个原则性规定。互联网不是虚拟世界,而是现实世界在网络上的反映。因此,互联网广告不能游离于《广告法》之外。这一规定从原则上将互联网广告纳入了《广告法》的调整范围。

②规定"利用互联网发布、发送广告,不得影响用户正常使用网络。在互联网页面以弹出等形式发布的广告,应当显著标明关闭标志,确保一键关闭。"

③规定"互联网信息服务提供者对其明知或者应知的利用其场所或者信息传输、发布平台发送、发布违法广告,应当予以制止"。"明知或者应知广告活动违法不予制止的,由工商行政管理部门没收违法所得,违法所得 5 万元以上的,并处违法所得 1 倍以上 3 倍以下的罚款,违法所得不足 5 万元的,并处 1 万元以上 5 万元以下的罚款;情节严重的,由有关部门依法停止相关业务。"

2)《广告法》强化广告监管部门的监管责任

这次《广告法》的修订全面强化了广告监管部门的监管责任。《广告法》第四十九条规定:工商行政管理部门应当建立健全监测制度,完善监测措施,及时发现和依法查处违法广告行为。

第五十三条规定:"任何单位或者个人有权向工商行政管理部门和有关部门投诉、举报违反本法的行为。工商行政管理部门和有关部门应当向社会公开受理投诉、举报的电话、信箱或者电子邮件地址,接到投诉、举报的部门应当自收到投诉之日起 7 个工作日内,予以处理并告知投诉、举报人。工商行政管理部门和有关部门不依法履行职责的,任何单位或者个人有权向其上级机关或者监察机关举报。接到举报的机关应当依

115

法作出处理,并将处理结果及时告知举报人。有关部门应当为投诉、举报人保密。"

第六十八条规定:"广播电台、电视台、报刊音像出版单位发布违法广告,或者以新闻报道形式发布广告,或者以介绍健康、养生知识等形式变相发布医疗、药品、医疗器械、保健食品广告,工商部门依照本法给予处罚的,应当通报新闻出版广电部门以及其他有关部门。新闻出版广电部门以及其他有关部门应当依法对负有责任的主管人员和直接责任人员给予处分;情节严重的,并可以暂停媒体的广告发布业务。新闻出版广电部门以及其他有关部门未依照前款规定对广播电台、电视台、报刊音像出版单位进行处理的,对负有责任的主管人员和直接责任人员,依法给予处分。"

第七十三条规定:"工商行政管理部门对在履行广告监测职责中发现的违法广告行为或者对经投诉、举报的违法广告行为,不依法予以查处的,对负有责任的主管人员和直接责任人员,依法给予处分。工商行政管理部门和负责广告管理相关工作的有关部门的工作人员玩忽职守、滥用职权、徇私舞弊的,依法给予处分。有前两款行为,构成犯罪的,依法追究刑事责任。"

3)新增有关广告行业自律的规定

广告行业自律是广告业发展到一定阶段的必然产物,对于提高广告行业自身的服务水平,维持广告活动的秩序,都有着不可替代的作用。世界上广告业比较发达的国家都十分重视广告行业自律对于广告业发展的积极意义,行业自律逐步形成系统和规模,不断得到加强和完善。

"促进广告业健康发展"是广告法的立法目的之一,行业自律与行政监管对广告业的健康发展而言,两者缺一不可。中国广告协会等行业组织承担着抓自律、促发展,指导、协调、服务、监督的基本职能,在行业自律中起着核心作用。但是旧的《广告法》中没有关于广告行业自律的规定,这非常不利于广告行业自律组织作用的发挥。

本次修订后,在总则中新增加了第七条,规定:"广告行业组织依照法律、法规和章程的规定,制定行业规范,加强行业自律,促进行业发展,引导会员依法从事广告活动,推动广告行业诚信建设。"

第三十四条规定:"广告经营者、广告发布者应当按照国家有关规定,建立、健全广告业务的承接登记、审核、档案管理制度。广告经营者、广告发布者依据法律、行政法规查验有关证明文件,核对广告内容。对内容不符或者证明文件不全的广告,广告经营者不得提供设计、制作、代理服务,广告发布者不得发布。"

4)有关大众传媒的法律法规

网络广告发布需要完善大众传播媒介。大众传播媒介主要是指报纸、广播、电影、电视、期刊、移动通信网络、电脑互联网等。大众传播媒介主要分为印刷类和电子类,这两类媒介虽然各有特点,但都是发布广告的主要载体。传统广告起初主要是以报刊等纸媒为载体的,后来增加了广播、电视等音像类媒体。如今移动通信网络、电脑互联网等成为广告的新兴载体。由于大众传播媒介具有速度快、范围广、影响大等特点,而广告除了传统的商品和服务推销功能外,已经发展成为现代社会的一种文化。作为一种社会现象,广告对社会的影响不仅仅局限于商业领域,早已超越了作为商品促销工具的狭窄范畴,全面渗透到社会的意识形态领域,对人们的观念世界产生潜移默化的影响。广告已经成为塑造大众信仰、世界观、价值观的最重要媒介之一。因此,规范大众传播媒介的广告发布行为意义非常重大。

这次《广告法》的修订中,对规范大众传播媒介发布广告的行为作出了很大努力。具体内容主要有:

①大众传播媒介不得以新闻报道形式发布广告。通过大众传播媒介发布的广告应当显著标明"广告",与其他非广告信息相区别,不得使消费者产生误解;

②广播电台、电视台发布广告,应当遵守国务院有关部门关于时长、方式的规定,并应当对广告时长作出明显提示;

③广播电台、电视台、报刊音像出版单位、互联网信息服务提供者不得以介绍健康、养生知识等形式变相发布医疗、药品、医疗器械、保健食品广告;

④禁止在大众传播媒介或者公共场所发布声称全部或者部分替代母乳的婴儿乳制品、饮料和其他食品广告;

⑤禁止在大众传播媒介发布烟草广告;

⑥大众传播媒介有义务发布公益广告。

如今大众传播媒介非常多元化,新兴的大众传播媒介会随着社会的发展不断涌现,而且不同的大众传播媒介涉及不同的行政主管部门。单纯依靠《广告法》是不可能对所有大众传播媒介发布广告的行为都作出规定的。需要针对不同的大众传播媒介制定具体的广告发布行为规范。为此,《广告法》授权国务院工商行政管理部门会同国务院有关部门,制定利用大众传播媒介发布广告的行为规范。

7.2.3　引人误解的虚假宣传的法律规制

引人误解的虚假宣传行为,是指经营者利用广告或其他宣传方法,对商品或者服务作与实际情况不符的公开宣传,引起或足以引起其交易相对人对商品或服务产生错误认识的行为。这种行为有以下几个特征:

①主体是实施产品或者服务宣传的经营者。可以是卖方也可以是买方;可以是广告主,也可以是广告经营者;还可以是以广告以外的其他方法进行虚假宣传的其他经营者。

②行为发生于宣传过程中。只有在商业宣传中才可能发生引人误解的虚假宣传。

③经营者的宣传行为必须在客观上引起人们的错误认识。至于引人误解的原因是什么,可以在所不问。

④引人误解的虚假宣传,行为人往往具有欺骗和误导购买者选购商品或接受服务的目的,故多数情况为故意所为。但过失情况下,只要经营者的宣传在客观上导致了人们的误解,也会成立引人误解的虚假宣传。如经营者在发布广告时,对关键性内容表述不当或表述错误,引起人们的误解,又如广告发布者因不认真审查广告内容而盲目发布了虚假广告,均构成引人误解的虚假宣传。

根据宣传是否采用广告,可以将引人误解的虚假宣传分为引人误解的广告宣传和引人误解的其他虚假宣传。这种区分不仅在广告法上具有重要意义,而且对我们全面认识引人误解的虚假宣传同样具有重要意义。

引人误解的虚假广告是指通过广告宣传,不真实地介绍商品或服务情况,从而产生引人误解的行为。这种行为有 3 个关键点,即采用广告宣传形式、内容不具有真实性、引起人们的误解。例如,滥用各种夸张性语言或者绝对化语言(如使用"国家级""最高级""最佳"等用语);滥用公众对名人、专家、国家领导人、权威机构的信任作广告宣传;使用含糊其辞、模棱两可的语言或形象作为广告;虚构产品或服务的获奖情况;隐瞒商品或服务本身具有的法律、法规要求应予以明示的瑕疵;无根据地使用各种数据、百分比作为广告宣传等。

引人误解的其他虚假宣传是利用非广告的其他宣传方法,对商品或者服务作虚假宣传,从而引人误解。实践中,其他宣传方式,如举办展览会、展销会、订货会,举办新闻发布会、产品鉴定会、座谈会,散发宣传资料、价格标签,公共场合下领导人对某种产品或者服务发表讲话。这些宣传活动中如果经营者弄虚作假,引人误解,同样构成引人误解的虚假宣传。

从立法形式上看,各国一般都对引人误解的虚假宣传采用综合调整方法。我国的做法基本与国际上的做法相同,除《中华人民共和国反不正当竞争法》作出原则性的规定外,还在《消费者权益保护法》《广告法》等相关法律中,从不同的角度作出了相应规定。

引人误解的虚假宣传的法律责任,可以分为民事责任、行政责任、刑事责任。《中华人民共和国反不正当竞争法》第二十四条规定:"经营者利用广告或者其他方法,对商品作引人误解的虚假宣传的,监督检查部门应当责令停止违法行为,消除影响,可以根据情节处以 1 万元以上 20 万元以下的罚款。广告的经营者,在明知或者应知的情况下,代理、设计、制作、发布虚假广告的,监督检查部门应当责令停止违法行为,没收违法所得,并依法处以罚款。"

《广告法》第二十八条,广告以虚假或者引人误解的内容欺骗、误导消费者的,构成

虚假广告。广告有下列情形之一的,为虚假广告:

①商品或者服务不存在的;

②商品的性能、功能、产地、用途、质量、规格、成分、价格、生产者、有效期限、销售状况、曾获荣誉等信息,或者服务的内容、提供者、形式、质量、价格、销售状况、曾获荣誉等信息,以及与商品或者服务有关的允诺等信息与实际情况不符,对购买行为有实质性影响的;

③使用虚构、伪造或者无法验证的科研成果、统计资料、调查结果、文摘、引用语等信息作证明材料的;

④虚构使用商品或者接受服务的效果的;

⑤以虚假或者引人误解的内容欺骗、误导消费者的其他情形。

广告代言人在广告中对商品、服务作推荐、证明,应当依据事实,符合本法和有关法律、行政法规规定,并不得为其未使用过的商品或者未接受过的服务作推荐、证明。

不得利用不满 10 周岁的未成年人作为广告代言人。

对在虚假广告中作推荐、证明受到行政处罚未满 3 年的自然人、法人或者其他组织,不得利用其作为广告代言人。

此外,《中华人民共和国刑法》第二百二十二条还规定了引人误解的虚假宣传的刑事责任:广告主、广告经营者、广告发布者违反国家规定,利用广告对商品或服务作虚假宣传,情节严重的,处 2 年以下有期徒刑或者拘役,并处或者单处罚金。

7.3　电子商务税收中的法律问题

7.3.1　电子商务税收基本情况

税收是国家凭借政治权力,依照税法规定参与国民收入分配和再分配,无偿取得财政收入的一种形式。税收是人类社会发展到一定历史阶段的产物。人类有了剩余产品,出现了国家,才产生了税收。

税法是调整税务关系的法律规范的总称。税务关系包括税务机关与纳税人之间在无偿征收一定的货币或者实物过程中发生的税收征纳关系,以及国家因税收管理而发生的社会关系。税收与税法关系密切,税收是一种取得财政收入的分配形式,税法则是这种分配形式的法律确认。

税法的构成要素包括主体、征税对象、税目、税率。

主体是指税收法律关系中权利义务的承担者。税收法律关系中的主体分为征税主体和纳税主体。征税主体是指代表国家行使征税职权的各级税务机关和其他征税机关。纳税主体是指依法直接负有纳税义务的自然人、法人和其他组织。

征税对象是指对什么征税,是税收法律关系中权利义务所指向的对象,包括物和行为。不同的征税对象又是区别不同税种的主要标志。我国现行税收可分为5类:流转税,是对商品销售额或服务性业务的服务营业额征税,如增值税;所得税,是对所得额或收益额征税;财产税,是按财产的价值或租价额征税;行为税,是对特定的行为征税;资源税,是对资源级差收入征税。

税目是指征税对象的具体项目。规定税目的目的有两个:一是为了明确征税的具体范围;二是对不同的征税项目规定不同的税率。

税率是应征税额与计税金额之间的比例,是计算税额的尺度。税率的高低直接体现国家的政策要求,直接关系到国家财政收入的多少和纳税人的负担轻重,是税收法律制度的核心要素。一般税法中常用的税率有比例税率、定额税率、累进税率。

目前无论是国际社会还是学术界,对于电子商务税收的概念的认识处于探讨与构建的初期。为了全面理解电子商务税收概念,可以从其以下几个方面的特点进行阐释。

1)税收国界或范围虚拟化

传统的税收法律制度是由各个主权国家制定并执行的,各国税法规定了本国的征税范围、应税项目、免税政策和征收管理办法。但由于与传统商务相比,电子商务打破了时间和地域的限制,使得跨境交易更加频繁,个人及企业不论其居住地与从事营业行为所在地,均能进行交易,而且买方和卖方可能根本就不知道对方是谁或隶属于哪个国家或地区,使得交易记录难以检测与监控,税务机关很难获得行使征税权所必需的信息。可以说,随着电子商务的发展,商业交易已经不存在地理界限了,这就使得税收问题无法用国界来进行区分,很难依靠一个国家的税收法律规范来规范电子商务的征税。

2)税收信息虚拟化

一个国家的税收制度能否有效地发挥作用取决于如何将信息转变为纳税义务,如果缺乏足够的税务信息,任何税种都无法实施。现代税制大都是以有形的商品和劳务交易为课税基础,因此税务当局需要以低成本获取大量有关交易的时间和地点信息,并通过常设机构和住所等概念将纳税义务与纳税人的活动联系起来。但是由于电子商务的基础是开放的,改变了产品的固有存在形式,使课税对象变得模糊不清,通过网络以不记名的方式联系,不需要从事经济活动的双方在交易时出现,税务信息的虚拟化使得相对较难获得税务信息,无法满足现行税制对税务信息的要求。

3)弱化税收原则

网上贸易使得一些税收原则虚拟化,如国际税收中的税收管辖权,它是为了避免重复征税而设立的基本原则之一,但是电子商务的发展,使得这一原则黯然失色。在传统的贸易形式下,政府能够通过控制要素行使税收管辖权,如政府通过住所确认居民,行使居民税收管辖权。而电子商务的发展则使经济活动与特定地点间的联系弱化,通过因特网提供的贸易与服务很难控制和管理,往往很简单的交易,也可能涉及几个管辖区,如卖方的基地、信息服务器的所在地、买方基地、因买方流动而在第四处所获得的货物等,使得税收管辖权难以确定,弱化了税收原则。

4)常设机构的确认出现困难

常设机构是指企业进行经营活动的固定场所,按国际上的一般做法,只有在某个国家设有常设机构,并取得归属于该常设机构的所得,才能被认为从该国取得所得,由该国行使地域税收管辖权征税。但是,通过因特网来运作的公司,来源国无法通过现行的税收条约规定对其征收所得税,因大多数通过因特网提供货物及劳务的企业运作是不需要在客户所在国设有场所、场地、设施或者设备就可以把产品销售到信息高速公路连接的任何地方,它所需要的仅仅是一个网站和能够从事相关交易的软件。而且因特网上的网址、E-mail 地址、身份(ID)等,与货物或劳务的提供者并没有必然联系,仅从这些信息上是无法判断其机构所在地的,电子商务环境下是否存在常设机构将困难重重。基于常设机构在电子商务境下变得虚拟化,所得来源国对外国的经销商在该国的销售或经营所得征税也相对困难。

5)纳税主体资格的模糊、难以判断

传统的贸易税收中的自然人、法人、非法人等都具有建立在真实经济条件下的主体资格,在传统的市场条件下,这些主体资格的获得均受约束。而在电子商务中,从某种意义上来讲,消除了国家间的物理界限,各类市场主体均可以轻易地跨越国界参与到电子商务活动中,电子商务交易主体变得更加广泛,交易参与者的主体资格变得更加模糊。自然人可以匿名,企业也可以摆脱传统的组建方式,只要通过网络就可以打开市场,进行交易,可以从一个高税率国家转移到低税率国家,从而实现最少的流通环节、最低的库存和最快的流通速度,最终达到经济利益最大化。并且在电子商务活动中,经销商可以跨过中间人或代理商直接面对消费者,而传统的中介人消失和电子商务的虚拟性、隐匿性和流动性,致使税收主体身份更加难以判断。

7.3.2　电子商务对现行税收法律制度的影响

结合税收实务,我们不难发现电子商务税收极其强烈地冲击着传统的税收理论和实践,由此将引发一系列税收问题,对现行税收法律、政策等产生重大影响。这不仅成为推动税收法律制度变革的因素,对全球电子商务税收立法产生积极影响,也会对现行的税收法律制度产生巨大冲击,形成严峻考验。

按照其参加的交易主体对电子商务的运行模式进行分类,具体可以分为 B2B、B2C、C2B 和 C2C 等。其中前两种运营模式与税收法律制度关系密切,对税收法律制度更具影响力。电子商务对现行税收法律制度的影响表现在以下几个方面。

1)提供了潜在税源、扩大现有税源

电子商务无论在消费品市场还是在企业间市场都有着广阔的发展前景。它的发展不仅提供了潜在的税收来源,而且扩大了现有的税收来源。如网络服务业的发展,电子商务不仅促使了各种网站设计、网站维护、线路租赁业的发展,而且也促进了各种网上购物网站、网上消费情报站、电信服务站、邮政资费服务站、电子支付服务站、订票服务站等潜在税收行业的蓬勃发展,为国家培植了新的税收来源。

2)减少税收成本

电子商务是通过网络实现一系列交易活动的,包括售前服务、交易、支付以及售后服务的整个商业运作过程。它的出现大大减少了征税点和纳税环节。如增值税,由于采取层层抵扣的方式,在传统的交易模式下,流通环节的增加,不仅会使经营费用增加,而且会使征税点分散,税务机关为了征集一笔增值税往往要经过多层开票、审核、抵扣。税务稽查时任务也相当繁重,往往需要审核以前的增值税专用发票。而在电子商务环境下,由于生产商可以直接向消费者供应货物,直接交易,减少了中间环节,税款的征收就可以一次完成,征税点的减少,节约了税收成本。

3)促进了税收征管的现代化

由于纳税人的纳税额是以会计账簿、凭证来计算的,因此对会计账簿、凭证的管理不仅是经营管理、加强经济审核的基础,而且也是税收征管的重要环节。但是,电子商务实行的是无纸化操作,各种销售依据都是以电子形式存在,这些电子凭证可以被轻易修改、不留痕迹;加之,电子货币的使用,也可使纳税人在税务机关毫无察觉的情况下完成他们之间的付款结算业务,更加剧了税收征管的难度。同时,电子商务的快捷性、直接性、隐匿性、保密性等,也使得税收的源头扣缴控管手段失灵,客观上促成了纳税人不遵从税法的随意性。因此,为了改变电子商务税收中的被动局面,税务机关必须加强税收征管改革,提高税务管理的电子化程度。可以说,电子商务在客观上促进了税收征管水平的提高,加快了税收征管的现代化。

4)促进国际税收合作

电子商务是开放化的贸易,它涉及的税收问题也必然是国际化的,因此国际社会应进行更广泛的税收协调和合作,以消除因各自税收管辖权的行使而形成的国际贸易和资本流动的障碍。互联网的发展可以使跨国机构轻易地分布于世界各地,只需要一台电脑、一个调制解调器和一部电话就可以建立一个新的网址,实现网上交易。这些新情况导致各国间产生税收争议,使矛盾与摩擦更加明显与复杂化,客观上要求国际间进一步加强国际税收的协调与合作。只有进行充分的国际协调与合作,才能最大限度地保证税收法律的有效性。这种协调将不再局限于关税、所得税等税种和消除双重征税等方面的内容,还可能要求各国在对电子商务征税时互相交换有关信息,携手解决国际税收方面存在的共同性问题,逐步实现国际税收原则、立法、征管、稽查等诸方面的紧密配合及各国税制总体上的协调一致。因此,随着电子商务的发展,必将进一步促进国际间的税收合作与协调。

7.3.3　对我国电子商务活动是否免税的思考

尽管我国的电子商务处于刚刚起步阶段,但发展相当迅速。积极研究电子商务的税收政策已经势在必行。现阶段对我国电子商务是否征税,有以下几个基本观点。

1)观点一:应征说

这种观点认为作为电子商务其本质与传统贸易交易方式是一样,都是实现商品或劳务的转移,差别仅在于实现手段不同,因此从公平的角度看,我们在对传统贸易方式进行税法规制的同时,也应对电子商务活动进行税收考虑。这样做,不仅能维护国家的税收主权和税收利益,而且还能消除现行税法适用上的不确定性,保障交易安全。根据我国已经有的税收法律规定,电子交易并没有超出税法规定的应税范围,因此对于电子交易应予征税。具体理由有以下几点:

①我国是电子商务输入大国,如果对网上交易不征税,任凭境外公司通过电子商务绕过我国海关,绕过我国有关法律制度的规制,对电子商务免税将造成我国巨大的税收损失。我国的电子商务虽然起步较晚,但发展速度很快,贸易额逐年增加,是我国巨大的潜在税收来源,因此应当及时对电子商务征税以免造成税款流失。

②在电子商务快速发展的情况下,各行业都不同程度地实现网上交易,并且电子化交易还将逐渐扩大。如果免税将形成巨大的税收漏洞,将十分不利于国家、行业、电子商务本身的发展,国家也无法维持对电子商务的正常投入,从而不能实现良性循环。

③政府在建设和维护网络基础设施上投入了大量人力、财力、物力,作为一个社会经济管理者,政府也应该对电子商务活动进行征税。

2)观点二:免征说

美国对电子商务已经实施了多年互联网免税政策。这一政策为美国电子商务发展营造了良好的空间,推动电子商务迅速发展,使美国成为电子商务最发达的国家。我国要支持电子商务的发展,抓住新的虚拟市场的竞争机遇,这是关系到国家新一轮发展的大问题。如果借鉴美国电商的发展经验,我国也可以对电子商务的税收规定一个免征期。免征政策是对发展我国电商极为有利的鼓励和支持,具体理由如下:

①我国电子商务起步较晚,特别是中小规模的商家一直挣扎在生存线上下。虽然互联网使用人数较多但直接从事商务活动的比例很小,还不是真正意义上的电子商务。在目前的情况下对我国电子商务征税的财政作用并不很大。

②即使要对网络贸易征税,由于现阶段许多相关技术和基础设施尚不健全和成熟,所以很难制订出可行的征收方案。

③电子商务与传统的贸易形式不一样,且与传统的征税要素也不吻合,如果对电子商务征税,税务机关不仅要投入不少的人力、财力和物力,并且要及时完善现行征管制度。而这种完善不是短期内就能达到的,对电子商务征税的成本将大于收益。

④扶植、保护我们的民族工业,使其能够面临世界范围内的竞争,以培养未来更大的税源,这有利于推动我国电子商务发展和促进经济的发展。

3)观点三:中立说

无论是通过电子商务方式进行的交易,还是通过其他方式达成的交易,它们的本质都是实现商品或劳务的转移,差别仅在于实现手段不同,因此应对电子商务征税。从全球的趋势来看,对电子商务征税也是发展的必然,问题只在于适宜的征收时间和如何征收。

从近期的政策来看,对电子商务暂时免征是明智的选择。美国一定期限的免税政策是值得我国借鉴的,在电子商务交易额达到一定比例之前免税,既能促进电子商务的发展,又不会对国家的财政收入造成太大的影响。征税的理由是提供公共产品的成本,即是政府向民众提供公共产品的经济来源。目前政府也并没有很好地提供电子商务发展所必要的公共产品诸如法律保障、网络连接、信用体系等,所以征税缺乏一定的必要性。面对我国当前税制存在的诸多问题,电子商务这一新兴的交易方式,无论是开征新税还是修改现行税制以适应电子商务税收,都是一件非常困难的事情。另外,实行免税也是效率优先、兼顾公平原则的体现,是国家扶持电子商务发展的具体举措。

从长期的政策来看,对电子商务征税是不可避免的。目前由于诸多原因使我国实际上对电子商务征税还处于空白阶段,即使对其进行征税,所带来的收益也不会很大。但从电子商务迅猛发展的势头来看,若对电子商务长期免税,势必会大幅度缩小税基,使我国的税收收入蒙受巨大的损失,并且税收的杠杆作用也将会使众多企业为了避税而盲目投资或从事电子商务,这对电子商务的长期稳定发展将构成潜在的威胁。对电子商务征税也是我国进一步缩短与发达国家经济实力差距的重要途径之一。长期对电子商务免税将会削弱我国的财政实力,从而影响我国的现代化的进程。

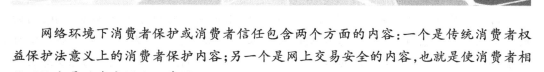

本章小结

　　网络环境下消费者保护或消费者信任包含两个方面的内容：一个是传统消费者权益保护法意义上的消费者保护内容；另一个是网上交易安全的内容，也就是使消费者相信网络交易的真实性和可靠性。

　　我国《消费者权益保护法》《中华人民共和国产品质量法》和《中华人民共和国合同法》等法律法规体系确立了传统消费契约条件下的消费者保护体系，但在电子商务情形下，由于其与传统交易和传统消费契约的区别，可能会出现：第一，极易发生网上欺诈现象；第二，电子监控与传统隐私价值的冲突；第三，电子自助与消费者的财产安全；第四，在线交易的退换货问题；第五，点击合同和拆封授权合同与传统意思表示理论的摩擦；第六，经营场所的虚拟化与消费者权益保护的问题。

　　我国的《消费者权益保护法》在参考了国内外立法的通行规定的基础上，结合我国的实际情况，具体规定了消费者的 9 项权利：安全权、知情权、选择权、公平交易权、求偿权、结社权、获知权、受尊重权、监督批评权。2013 年 10 月全国人大常委会通过修订《消费者权益保护法》，增加了 7 天无理由退货，强制召回，消协可以公益诉讼等，明确了精神损害赔偿权，加大了行政部门职责和严格保护个人信息等。

　　互联网广告以何种形式存在又称网络广告的表现形式。常见的表现形式主要有网络视频广告、电子邮件广告、网页广告等。网络广告需要对其确立相应的广告规制是指由各种相互制约的力量综合发挥作用而形成的规则体系。《广告法》是规则体系中的基本法律之一。2014 年 8 月全国人大常委会围绕规范广告活动，适应广告发布媒介形式发生的变化，解决广告实践中产生的突出的问题修改该法，并于 2015 年 4 月 24 日修订通过，自 2015 年 9 月 1 日定施行。

　　引人误解的虚假宣传行为，是指经营者利用广告或其他宣传方法，对商品或者服务作与实际情况不符的公开宣传，引起或足以引起其交易相对人对商品或服务产生错误认识的行为。引人误解的虚假宣传分为引人误解的广告宣传和引人误解的其他虚假宣传。从立法形式上看，各国一般都对引人误解的虚假宣传采用综合调整方法。我国的做法基本与国际上的做法相同，除《中华人民共和国反不正当竞争法》作出原则性的规定外，还在《消费者权益保护法》《广告法》等相关法律中，从不同的角度作出了相应规定。

　　税法是调整税务关系的法律规范的总称。税法的构成要素包括主体、征税对象、税目、税率。目前无论是国际社会还是学术界,对于电子商务税收的概念的认识处于探讨与构建的初期。

【案例分析Ⅰ】

刘某从某网站看到 A 家具公司的宣传广告,其网页上保证家具为实木家具,同时网站标注的价格也确实和刘某了解到的实木家具价格相当。刘某与 A 家具公司签订电子订货单,订购 A 公司生产的床、床头柜等家具,并在网上支付货款 4 万余元。1 个月后,A 公司将家具送货上门。刘某在使用中发现家具上的雕花脱落,怀疑家具并非实木。刘某以家具公司在销售中存在欺诈为由,诉至法院要求撤销买卖合同,A 公司将家具拉走,返还货款并赔偿相应损失。

起诉前,刘某申请公证处对 A 家具公司的网页内容进行保全并出具公证书。庭审中,刘某提出鉴定申请,双方同意将床头柜作为送检样品。经鉴定,主材材质中只有前立柱、前腿为实木,其余部位均不是实木。

试问:法院是否支持原告的诉求?为什么?

【案例分析Ⅱ】

2013 年 8 月,上海的吴先生在淘宝网一家网店以 7 000 元的价格购买了两台海尔壁挂式空调。收到货品后 5 天,海尔公司售后人员上门安装。拆箱后吴先生立刻发现到手的空调与之前在网店图片中看到的外观并不一致,面板的颜色与显示板的位置等均有差异。虽然感到实物与图片有异,但由于正值炎炎夏日想要尽快用上空调,吴先生还是表示只要质量没问题就接受,遂委托海尔公司的售后人员进行了安装。

不料,安装之后问题却接踵而至:空调存在异味,遥控器又不能使用。吴先生立即联系网店卖家宁波某家电公司退货,却遭到对方拒绝。吴先生转而又联系海尔公司要求退货,海尔公司同意退货。然而事情再起波折,由于卖家出具的发票没有盖章,退货再次遇到障碍。无奈之下,吴先生只能网上申请淘宝网介入处理,并根据淘宝网的指示把空调退回卖家地址,并自行垫付了运费。

吴先生原以为这样一来退货的问题应该能够完全解决了,没想到这两台空调运到位于宁波的卖家后,卖家拒收,最后"神奇地"通过物流"周游"一圈以后重新回到吴先生的家里。其间又经历了卖家寄来盖过章的发票,再联系海尔公司退货等周折,前后历时 3 个月,吴先生终于在海尔公司处办理了退货。

虽说历尽艰辛拿到了空调退货款,但吴先生仍然对这次网购遭遇耿耿于怀,于是一纸诉状把空调卖家宁波某家电公司和淘宝网一同起诉至法院,请求法院判令宁波某家电公司返还货款 7 000 元、支付垫付的快递费 264 元,并赔偿损失 7 000 元,空调保管费 1 160 元、因酷暑天未能安装空调而受到的房屋租金损失 9 000 元、交通费损失 1 250 元及因解决空调事宜而花费的时间成本 24 000 元等诉讼请求。淘宝网对上述赔偿承担连带清偿责任。

一审法院判决宁波某家电公司于判决生效之日起 10 日内赔偿吴先生损失 2 000 元,驳回了吴先生的其余诉讼请求。吴先生又上诉至上海市第一中级人民法院。

二审中吴先生表示,自己提出的赔偿损失 7 000 元是根据《消费者权益保护法》的有关规定,租金损失 9 000 元是由于未能安装空调造成房屋无法出租 3 个月的损失,估算交通费损失 1 250 元,因为解决空调事宜花费的时间成本 24 000 元,这些都是直接损失。而自己是基于对淘宝网的信任才上网购物,淘宝网日常监管不严、发现问题后处理不利,货款也是通过淘宝网的"支付宝"支付的,至今仍由淘宝网保管,故淘宝网也应共同承担责任,要求判决支持其原审时提出的相关损失赔偿请求。

二审法院经过审理认为,从宁波某家电公司的行为分析,其系在未对销售产品予以仔细核对的情形下,采取从其他网站复制的方法在销售网站上放置与实际货物外观不相符合的图片,但该宣传照片中的货物并非假冒、虚构的产品,而是海尔公司正规生产的产品。因此,宁波某家电公司的行为确实具有过错,但尚不构成欺诈。

法院同时认定,吴先生购买的空调无法予以安装与该房屋不能出租之间并不存在必然联系,且吴先生亦无法证明该房屋系用于出租,故对吴先生的该项主张不予支持。至于吴先生所提出的时间成本损失没有法律依据无法支持,交通费损失则对原审法院酌定的数额予以认同。

此外,淘宝网已尽到了相应的审核义务,且在纠纷发生后,亦对买卖双方的争议款项及时进行了处理,并将信息反馈给双方。因此淘宝公司作为电子交易平台的提供商,在本案中不存在过错,无需对吴先生的损失承担连带赔偿责任。据此,二审法院作出驳回上诉,维持原判的终审判决。

试从维护消费者权益与网购秩序的角度分析,你支持吴先生的哪些诉求? 为什么?

【复习思考题】

1. 电子商务中的消费者权益保护的内容有哪些?
2. 结合网购经历谈谈个人信息隐私权的保护问题。
3. 简述消费者知情权的主要内容。
4. 试分析网络广告中的不正当行为。
5. 网络广告的法律适用应如何理解?
6. 电子商务的发展对我国现行国内税收产生了怎样的影响?

第8章
电子商务的法律救济

【学习目标】

　　了解电子商务法律救济的意义和主要内容;熟悉传统司法管辖权确立基础和证据规则;掌握电子商务的法律救济、司法管辖权确立基础和证据规则。

8.1　电子商务纠纷的司法管辖

　　电子商务的全球性,使得一旦发生法律纠纷就不可避免地产生管辖权的问题,即:究竟哪一个国家或地区的法院有权审理该争议? 如果有两个以上的法院主张有管辖权,谁权力优先? 网络案件的管辖已成为我国司法实践中一个颇具挑战性的难题。

8.1.1　传统司法管辖权基础

　　根据传统法律理论,法院对诉讼案件具有管辖权的基础大致可以分为以下几种。

1)以地域为基础

　　诉讼所涉及的法律关系的要素,无论是主体、客体还是法律事实,总是与某一国的管辖权具有空间上的关联,这种空间就构成该国行使管辖权的地域基础。具体表现为如下形式:

　　(1)被告住所地

　　被告住所地被多数国家确认为管辖基础。如德国、瑞士、荷兰、日本、中国等传统大陆法系国家均采用该原则。这一原则被欧盟在《布鲁塞尔公约》和《罗迪诺公约》中加以确认,英美等普通法系国家也把被告住所地作为管辖权基础之一。《中华人民共和国民事诉讼法》(以下简称《民事诉讼法》)第二十一条也做出了类似规定。

（2）原告住所地

原告住所地作为管辖权基础也被一些国家所采用。例如我国《民事诉讼法》第二十二条第一款规定："对不在中华人民共和国领域内居住的人提起的有关身份关系的诉讼"，由原告住所地人民法院管辖。

（3）诉讼原因发生地

这包括侵权行为实施地、侵权结果发生地、合同签订地、合同履行地等。

（4）诉讼标的物所在地

诉讼标的物就是诉讼当事人诉争的财产。诉讼标的物处于一国领域内的事实是该国行使管辖权的重要基础。因不动产产生的纠纷由不动产所在地专属管辖是各国普遍承认的原则。

2）以当事人国籍为基础

国籍使当事人具有一国国民的资格，从而使个人和国家具备了某种联系，它可以脱离两者空间关系存在，具有相对稳定的特点。

3）以当事人的协议为基础

双方当事人就诉讼管辖法院达成协议，把他们之间的争议提交给约定的某一国法院审理，该国法院便可行使管辖权。例如我国《民事诉讼法》第三十四条规定："合同或者其他财产权益纠纷的当事人可以书面协议选择被告住所地、合同履行地、合同签订地、原告住所地、标的物所在地与争议有实际联系的地点的人民法院管辖，但不得违反本法对级别管辖和专属管辖的规定。"

8.1.2　电子商务中侵权纠纷的管辖

根据《民事诉讼法》的规定，侵权之诉讼管辖地主要依据为侵权行为人（被告）住所地、侵权行为地和侵权结果发生地。尽管网络世界的虚拟性给传统管辖提出了挑战，但是民事诉讼法确定的管辖规则仍然能够解决网上侵权纠纷案件在法院的管辖分工问题。

按照《民事诉讼法》第二十八条确立的管辖规则，侵权纠纷由侵权行为地或者被告住所地的人民法院管辖。这一规则无疑适用于网络环境下的侵权。《最高人民法院关于审理侵害信息网络传播权民事纠纷案件适用法律若干问题的规定》第十五条规定："侵害信息网络传播权民事纠纷案件由侵权行为地或者被告住所地人民法院管辖。侵权行为地包括实施被诉侵权行为的网络服务器、计算机终端等设备所在地。侵权行为地和被告住所地均难以确定或者在境外的，原告发现侵权内容的计算机终端等设备所在地可以视为侵权行为地。"

1）被告住所地

在网络纠纷案件中,以被告住所地确定管辖争议不大,审判实践中也容易掌握,只是在确定被告住所地时存在一定的困难。被告所在地即侵权人住所地。为弄清被告所在地,这里需要弄清几个基本概念,即网站设立人的住所地和网站服务器地址、网址。

网站本身并不具有民事主体资格,网站只是某个民事主体设立从事某种事业的工具。网站设立人和经营者,是享有网站经营的权利,承担相应义务的主体。该主体是有民事主体资格的人(包括自然人和法人)和组织。如果设立人是自然人,那么其地址为其住所地或经常居住地;如果是法人和其他组织,那么其注册地或主要办公地即为其住所地。

2）侵权行为地

侵权行为地通常包括侵权行为实施地和侵权行为结果发生地。侵权行为发生地即侵权人实施侵权行为的地点;侵权行为结果发生地通常为受害人受侵权行为影响而遭受损失的地点。至于法律选择哪一种为侵权行为地在世界各国存在不同的规则,有的以侵权行为发生地为侵权行为地,有的以损害发生地为侵权行为地。

在网络环境下,侵权行为实施地必须通过一定的计算机设备进行,理论上在世界任何一个地方都可以实施侵权行为。因此,在网络环境下,对侵权行为地的判断在某些情形下存在着困难,甚至不可能。为此,更多的国家选择损害结果发生地作为管辖权的基础。

侵权结果地通常可以理解为是受害人所在地,如此,侵权结果发生地则完全演变为是以原告为核心的。为了防止原告利用这一特点扩大原告住所地管辖范围,对网上侵权结果地范围应当予以限制。在这方面美国法院在司法实践中形成了服务器接触管辖规则。在确定侵权行为结果地为管辖地时,原告不仅在某地浏览到侵权信息,还应该与该站点有一定的交互联系,该服务器所在地才能构成结果地。所谓交互联系,是指原告通过计算机终端设备在被告的网站上进行了订立合同、传递档案文件或下订单等互动行为。在侵权案件中,原告与侵权网站交互性接触,获得侵权"物"或侵权结果到达原告计算机终端等设备,该地法院应当具有了诉讼管辖权。

总之,网上侵权行为的管辖地最易确定的是侵权人所在地亦即被告所在地,这种所在地既可能是被告住所地,也可能是实施侵权行为利用的服务器或终端设备所在地;其次是依据侵权结果发生地而引致的受害人所在地。两地法院均具有管辖权,受害当事人可以选择其一,行使诉讼权。

8.1.3　电子合同的管辖

1）协议管辖

在私法领域实行当事人意思自治,这种自治的权利也延伸至救济方式的选择和管辖法院的选择。《民事诉讼法》第三十四条合便是关于协议管辖的规定,即当事人可以在合同中事先选择管辖法院。

因此,根据约定优先于法定的原则,凡是遇到合同纠纷时,先看合同中有没有有效的管辖约定,在没有管辖约定或约定无效时,再依照法律规定确定管辖地。

2）法定管辖

法律规定的管辖地即法定管辖,它是在当事人没有约定时根据《民事诉讼法》等法律规定而确定的管辖地。例如《民事诉讼法》第二十三条规定:"因合同纠纷提起的诉讼,由被告住所地或者合同履行地人民法院管辖。"

电子合同中的被告住所地确定,可参照侵权行为管辖中被告住所地的原则确定。

电子合同履行地分为不经由因特网的合同履行和经由因特网的合同履行两大类。不经由因特网的合同履行的情形中,合同履行地的确定如同传统情况,可按《中华人民共和国合同法》等法律来处理。

在经由因特网的合同履行的情况(指信息产品交易)中,由于合同标的物的交付是通过因特网等计算机信息系统来进行的,可按下列规则来确定:如果合同事先约定了履行地的,则该约定的履行地应为合同履行地;如果合同没有约定,则根据情形合同履行方的主营业地和经常居住地均可视为合同履行地。

8.2　电子证据的证据规则

证据认定事实是正确适用法律的标准。鉴于电子证据与其他证据相比有不同属性,使其对传统证据理论和实践造成了冲击,我国《民事诉讼法》第六十三条规定:"证据包括:当事人陈述;书证;物证;视听资料;电子数据;证人证言;鉴定意见;勘验笔录。"电子证据作为一项独立的证据形式已经出现在司法舞台上。这里的"电子证据"和"电子证据"概念的内涵与外延相同。

8.2.1　电子证据的含义和特点

电子证据是指计算机系统运行过程中产生的或储存的以其记录的内容证明案件事

实的电、磁、光记录物,这些记录物具有多种输出表现形式。电子证据是现代高科技发展的重要产物和先进成果,是现代科学技术在诉讼证据上的体现,它与其他证据相比主要有以下特点:

①电子证据具有数字技术性,科技含量高。电子证据的物质载体是电脉冲和磁性材料等。从技术上说,电子证据具有数字信息的准确性、精密性、迅速传递性等特点。

②电子证据具有脆弱性,易被伪造、篡改。由于电子证据均以电磁浓缩的形式储存,电子数据和信息的无形性使得其易被毁灭与变更,因而其真实性也被大打折扣。

③电子证据具有复合性、表现形式的多态性与丰富性。由于多媒体技术的出现,信息在电脑屏幕上的表现形式是多样的,其呈现出图、文、声并茂形态,甚至人机交互处理,与其他证据相比,更具表现力。

此外,电子证据由其本身的特性决定了它具有无形性、易收集性、易保存性、可反复重现等特性。

8.2.2 电子证据的证据能力

证据能力是指能够作为证据进行法庭调查、可以作为事实认定的资格。证据必须具有客观性、关联性和合法性才能被作为证据运用在司法实务中。

数据电文(这里的"数据电文"与"电子数据"以及"电子证据"同义)作为证据来使用,必须具有能被法院认可的证据能力。在评估一项数据电文的证据能力时,应考虑到生成、储存或传递该数据电文的办法的可靠性,保持信息完整性的办法的可靠性,用以鉴别发端人的办法以及任何其他相关因素。具体说来,一项数据电文要具有充分证据能力,必须符合法律所规定的如下要求:

①客观性,又称实质性。证据必须是客观存在的事实。数据电文的客观性在于其内容必须是可靠的,非法虚构、篡改的数据电文没有客观性,必须保证信息的来源和信息的完整性是可靠的。因此,必须证明:计算机的操作有严格的规程,包括操作者处于严格控制之下,系统未被非法人员操作;操作者的操作是合法的,符合系统本身的设计;系统的维护和调试也处于严格控制之下,未被随意修改,以便于日后核查数据与原始资料是否一致。数据电文内容的可行性还涉及数据电文的储存问题,必须严格保证数据电文存储介质的安全,防止数据的遗失和未经授权的接触。为保证储存的公正性,可由具有较强公信力的第三方机构提供服务。

②关联性,又称相关性或者证明性,即证据同事实具有一定的联系并且对证明事实有实际意义。这就必须对诉讼有关的诸多数据进行重组与取舍,而要保证重组后的数据与诉讼事实具有本质上联系,也必须保证重组方法和过程的客观科学性和合法性,只有紧密围绕事实严格按照操作程序进行的重组才能符合这一要求。

③合法性,又称有效性或者法律性,即证据必须是依法收集和查证属实的事实,对数据的固定、收集、存储、转移、搜查等行为必须依法进行。

8.2.3　电子商务诉讼的举证责任

所谓举证责任,就是当事人对自己提出的主张提供证据加以证明的责任。根据我国《民事诉讼法》有关规定,举证责任一般来说是"谁主张谁举证",即当事人对自己提出的主张有责任提供证据。因此,原告必须就其诉讼请求以及有关事实提供相关证据,被告反驳原告的诉讼请求,提出反诉也要举证加以说明,第三人对自己提出的主张或请求也应承担举证责任。

但是有一个特别情况值得注意,那就是举证责任的倒置。在一些特殊类型侵权案件和某些技术性、专业性较强的案件中,权利主张人限于客观原因很难举证证明自己的主张,法律规定由造成侵害的一方承担举证责任来证明自己无过错或损害由对方造成,如不能举证就要负担民事责任。例如《中华人民共和国侵权责任法》第六十六条规定:"因污染环境造成损害的,污染者应当就法律规定的不承担责任或者减轻责任的情形及其行为与损害之间不存在因果关系承担举证责任。"根据法律规定和审判实践,适用这种情况的案件有 6 种:第一,因产品制造方法发明专利引起的专利侵权诉讼;第二,高度危险作业致人损害的侵权诉讼;第三,因环境污染引起的损害赔偿诉讼;第四,建筑物或者其他设施以及建筑物上的搁置物、悬挂物发生倒塌、脱落、坠落致人损害的侵权诉讼;第五,饲养动物致人损害的侵权诉讼;第六,有关法律规定由被告承担举证责任的。

法律对以计算机与网络为基础的电子商务纠纷案件的举证责任尚未明确规定。由于电子证据的科技含量较高,一般不具备计算机网络专业知识的原告很难取证。有观点认为:有必要考虑将此类案件也作为特殊情况,由造成侵害的一方承担责任来证明自己无过错或损害是对方造成的,以此来减轻原告的负担。然而电子证据是认定电子商务纠纷案件事实的主要证据,由于其具有数字技术性、脆弱性等特点,只有法律规定且具备电子证据取证专业知识的人员收集的电子证据才能作为查明案件事实的前提和基础。

本章小结

传统法律理论中,法院对诉讼案件具有管辖权的基础大致可以分为以地域为基础、以当事人国籍为基础、以当事人的协议为基础。

根据民事诉讼法的规定,侵权之诉讼管辖地主要依据为侵权行为人(被告)住所地、侵权行为地和侵权结果发生地。尽管网络世界的虚拟性给传统管辖提出了挑战,但是民事诉讼法确定的管辖规则仍然能够解决网上侵权纠纷案件在法院的管辖分工问题。

电子合同的管辖主要有协议管辖和法定管辖。

电子证据是指计算机系统运行过程中产生的或储存的以其记录的内容证明案件事实的电、磁、光记录物,这些记录物具有多种输出表现形式。

根据我国《民事诉讼法》第六十三条规定,将证据分为:当事人陈述、书证、物证、视听资料、电子数据等8种形式。

【案例分析】

A地工商局执法人员在互联网上对辖区市场主体进行检索时,发现一家机械制造有限公司比较可疑。该公司在多家著名网站上注册并制作了主页,以"××省××机械加工制造有限公司"的名义发布了企业简介、产品展示、供求信息、联系方式等内容。从网页宣传的图片和文字内容看,该公司规模较大,实力雄厚,拥有厂房、办公楼、宿舍楼及许多大型机械设备和众多高级技术人员,且公司效益很好,产品远销各地。在执法人员印象中,辖区并没有一家如此大规模的企业。按照网页中留下的地址和联系方式,执法人员找到了这家所谓公司,其实仅是一家只有简单加工设备,类似手工作坊的机械加工部,其现场出示的营业执照是一张个体工商户营业执照。

当事人通过互联网对其名称、规模、产品、主体性质(组成形式)等进行了虚假宣传,发布了产品简介和联系方式,目的是推销产品。执法人员最初的处理意见是定性为涉嫌利用互联网发布虚假广告,但是在进一步处理时因为管辖权而产生分歧。意见一:没有管辖权。这种观点的依据是《工商行政管理机关行政处罚程序规定》第八条"对利用广播、电影、电视、报纸、期刊、互联网等媒介发布违法广告的行为实施行政处罚,由广告发布者所在地工商行政管理机关管辖"。因为本案的涉案网站服务器所在地或者广告发布者所在地都在外地,所以没有管辖权。意见二:拥有管辖权。理由一,《中华人民共和国行政处罚法》第二十条规定:"行政处罚由违法行为发生地的县级以上地方人民政府具有行政处罚权的行政机关管辖。法律、行政法规另有规定的除外。"根据法律解释和执法实践,本案当事人所在地作为违法行为的着手地或实施地,属于《行政处罚法》所指的违法行为发生地,因此当事人所在地工商机关可以管辖。理由二,本案的当事人可以理解为广告发布者或者网站经营者。本案中,当事人所使用的网站主页类似于网店,拥有自己的网址、域名和空间,当事人是广告发布者,所以当事人所在地工商机关拥有管辖权。

试问：以上两种意见的依据是什么？

【复习思考题】

1. 简述传统法律对司法管辖权的确定基础。

2. 简述电子商务中侵权纠纷是如何确定管辖问题的。

3. 简述电子商务中是如何确定电子合同管辖问题的。

4. 电子证据的含义和特点有哪些？

5. 电子商务诉讼的举证责任是如何规定的？

附　录

附录 I　联合国国际贸易法委员会
电子商务法范本(摘录)

联合国国际贸易法委员会(UNCITRAL)1996 年通过,1998 年增订第五次条
联合国大会决议

联合国大会:

　　为贯彻 1966 年 12 月 17 日通过的第 2205(XXI)号决议,根据该决议,在国际贸易迅猛增长的形势下,创立了联合国国际贸易法委员会,并授权其在体现各方利益的前提下推动协调和统一各国有关国际贸易的法律,特别是那些发展中国家的有关法律;

　　并鉴于以电子数据交换等其他被称为"电子商务"的交易方式进行的国际贸易行为不断增长,在某些方面替代着以纸张为基础的信息交流与存储方法;

　　并为贯彻该委员会 1985 年第 18 次会议上通过的、关于计算机记录之法律价值的提议,以及联合国大会在 1985 年 12 月 11 日决议 40/71 之第 5(b)节中发出的呼吁,该呼吁要求政府和国际组织采取行动,本着该委员会上述提议的精神,在条件合适之处提供法律上的保障,以便于在国际贸易中最大限度地应用自动化数据处理;

　　并因为确信通过建立一个促进电子商务的法律范本,使之可以被具有不同法律、社会和经济体系的各个国家所接受,将能够大大促进国际经济关系的协调发展;

　　并鉴于在该委员会第 21 次会议上,在研究了各国政府和有关组织的情况后,通过了《电子商务法范本》;

　　并因为相信,《电子商务法范本》在该委员会获得通过,将大大帮助所有国家改善它们在管理非纸质信息交流与存储手段方面的有关立法,在缺乏有关立法的情况下帮助它们立法。

为此,本次会议决议如下:

①在此表达对联合国国际贸易法律委员会的赞赏,因为其完成并通过了包括在本决议附件中的《电子商务法范本》并提出了《范本法实施指南》;

②在此推荐所有国家在实施或修订有关法律时,积极参考该法律范本,以利于实现有关非纸质信息交流与存储手段的法律的国际统一性;

③在此建议采取一切努力,保障该法律范本和该指南能够广为人知,广为人有。

第 85 次全体会议
1996 年 12 月 16 日

第一部分　普通电子商务

第一章　总　则

第一条　适用范围

本法律适用于商务活动场合下任何数据消息形式的信息。

第二条　定义

在本法律中

(甲)"数据消息"指通过电子学手段、光学手段或其他类似手段生成、发送、接收或存储的信息,它包括但不限于电子数据交换(EDI)、电子邮件、电报、电传或传真。

(乙)"电子数据交换"(EDI)指依据协定的信息结构标准,而实现信息从计算机到计算机的电子化传递。

(丙)一条数据消息的"原创人",是指这样某个人,该数据消息在发生任何存储之前,出于该人的意志而被发送或生成;但不是指与该数据消息有关的任何中介人。

(丁)一条数据消息的"目标人",是指这样某个人,该数据消息的原创人出于故意,要该人接收该数据消息;但不是指与该数据消息有关的任何中介人。

(戊)与一条特定数据消息有关的"中介人",是指这样某个人,该人代表另一个人发送、接收或存储该数据消息,或提供与该数据消息有关的其他服务。

(己)"信息系统"指一个生成、发送、接收、存储或以其他方式处理数据消息的系统。

第三条　解释

(1)在解释本法律时,应当考虑到它的国际化起源,并应考虑到有利于统一其适用范围保持其良好信誉。

(2)在本法律涵盖范围内出现的问题,如本法律未能清晰阐明,则应参照本法律所依据的一般原则而加以解决。

第四条 协议不采纳

（1）在参与生成、发送、接收、存储或其他数据消息处理过程的各有关方面之间达成协议的情况下，若无其他原因，则可以根据协议，不采纳本法律第三章中的各条款。

（2）上述第（1）节不否认任何可能存在的、协议不采纳本法律第二章中所涉及的其他法律条文的权利。

第二章　数据消息适用的法律要求

第五条 数据消息的法律地位

信息不应仅仅因为其是数据消息的形式，而被否认其法律效力、有效性或强制力。

第五次条 指涉的连带性

（本委员会 1998 年 6 月第 31 次会议上通过）

信息不应仅仅因为其未包含在用来产生有关法律效力的数据消息内，而只是被该数据消息所指涉，而被否认其法律效力、有效性或强制力。

第六条 书写

（1）当法律要求信息具有书写形式时，一条数据消息应被视为符合该要求，只要该数据消息中包含的有关信息可以被读取而能够在随后引用。

（2）无论是有关法律要求表现为强制义务形式，或是有关法律仅仅指出如果信息不具有书写形式时会发生何种后果，上述第（1）节均为适用。

（3）本条有关各款不适用于以下情况：（略）

第七条 签字

（1）当法律要求一个人的签字时，一条数据消息应被视为符合该要求，只要：

（甲）存在某种方法，能判明一个人的身份，并能指出该数据消息中包含了该人的同意；并且

（乙）相对于生成或交换该数据消息的意图来说，该判明方法是可信的。其可信程度，应考虑到所有环境条件，包括所有相关协议。

（2）无论是有关法律要求表现为强制义务形式，或有关法律仅仅指出如果缺少签字会发生何种后果，上述第（1）节均为适用。

（3）本条有关各款不适用于以下情况：（略）

第八条 原始性

（1）在法律要求信息以原始形式呈示或保持的场合，一条数据消息应当被视为符合该要求，只要：

（甲）能够可信地保证，该信息自从它被生成为最后的形式以来，无论其是否一条数据消息，其完整性一直保持着；

（乙）在所有要求呈示该信息的场合,该信息都可以被显示给它应当被呈示的个人。

（2）无论是有关法律要求表现为强制义务形式,或有关法律仅仅指出如果该信息未能以原始形式呈示或保持时会发生何种后果,上述第（1）节均为适用。

（3）为贯彻第（1）节第（甲）小节:

（甲）判断信息完整性的标准应当是,该信息是否完全地和无改动地保持着,但不计及信息在通常传播、存储和显示过程中所附加的任何标注和变动;

（乙）判断保证的可信程度,应当参照生成该信息的意图和参照一切相关环境。

（4）本条有关各款不适用于以下情况:（略）

第九条 数据消息的可接受性和证据分量

（1）在任何法律程序中,在应用有关证据的任何规则时,不应否认一条数据消息作为证据的可接受性,仅仅因为:

（甲）它是一条数据消息;或

（乙）当它是提供者在合理情况下所能提供的最好证据时,仅仅因为它不是其原初的形式。

（2）以一条数据消息形式存在的信息,应当获得其应有的证据分量。在评价一条数据消息的证据分量时,要考虑到生成、存储或传播该数据信息时所用方法的可靠程度,考虑到保持该信息完整性时所用方法的可靠程度,考虑到判明其原创者时所用方法的可靠程度,以及其他的相关因素。

第十条 数据消息的保持

（1）当法律要求保存特定文件、记录或信息的场合,保存数据消息应被视为符合该要求,只要下述条件得到满足:

（甲）该数据消息中所包含的信息可以被读取而能够在随后引用;

（乙）保存该数据消息的格式与其生成、发送或接收时的格式相同,或该格式的显示能够精确地表达所生成、发送或接收到的信息;并且

（丙）如果有相应的、能够判明一条数据消息之发源地、目的地以及发送和接收的日期与时间的信息,这些信息能得到保存。

（2）任何根据上述第（1）节而作出的保存文件、记录或信息的要求,不延及任何仅仅用于实现消息的发送或接收的那些信息。

（3）一个人可以通过利用任何他人的服务来满足上述第（1）节的要求,只要符合第（1）节（甲）、（乙）和（丙）小节所提出的条件。

第三章　数据消息的传播

第十一条 合同的形成和有效性

（1）在形成合同时,除非有关各方另有协议,否则要约和接受要约均可以以数据消

息的形式表达。当一份合同的形成用到数据消息时,该合同不应仅仅因为其形成中利用了数据消息,而被否认其有效性或约束力。

(2)本条各款不适用于以下情况:(略)

第十二条　各方对数据消息的认可

(1)如果一份意向声明或其他陈述是以一条数据消息的形式,发生在该数据消息的原创人和目标人之间,则不应仅仅因为其形式,而否认其法律效力、有效性或约束力。

(2)本条各款不适用于以下情况:(略)

第十三条　数据消息的归属

(1)一条数据消息如果是由原创人本人所发送,则它是属于该原创人的。

(2)当发生在原创人和目标人之间时,一条数据消息应被认作是属于原创人的,如果它是

(甲)由得到原创人授权、在与该数据消息有关方面代表原创人行事的某人所发送;

(乙)由原创人编写或得到原创人授权的、一个自动运行的信息系统所发送。

(3)当发生在原创人和目标人之间时,目标人有权把一条数据消息视为是属于原创人的,并根据此想法而行为,只要:

(甲)该目标人已经采用了适当的、预先得到原创人同意的确认步骤,确认该数据消息是属于该原创人的;或者

(乙)目标人收到的数据消息来自于某人的作为,该人与原创人或与原创人的任何代理人之间存在某种关系,使得该人有能力获得某种方法,判定数据消息是属于原创人的,并且此方法也是原创人本人使用的判定方法。

(4)第(3)节不适用于以下情况:

(甲)当目标人收到了来自原创人的通知,告知该数据消息并非属于该原创人,而且有足够时间作出相应反应;

(乙)在第(3)节第(乙)小节描述的情形下,当目标人已经知悉该数据消息并非属于该原创人,或者假若目标人足够仔细地检查过该数据消息,或采纳了任何预先得到同意的步骤,则其应当已经知悉该数据消息并非属于该原创人。

(5)如果一条数据消息属于原创人,或有理由被视为属于原创人,或目标人有权根据这样的想法而行为,那么,当发生在原创人和目标人之间时,目标人有权认为所收到的数据消息正确反映了原创人的意图,并根据此想法而行为。如果目标人已经知悉该数据消息在传送过程中发生了错误,或假若其足够仔细地检查过该数据消息或采纳了任何预先得到同意的步骤,则其应当已经知悉该数据消息在传送过程中发生了错误,那么目标人就没有上述权利。

（6）目标人有权认为收到的每一数据消息都是独立的数据消息，并根据此想法而行为。除非收到的数据消息是另一数据消息的副本，而且目标人已经知悉其为副本，或者假若其足够仔细地检查过该数据消息或采纳了任何预先得到同意的步骤，则其应当已经知悉该数据消息为副本。

第十四条　回执

（1）本条第（2）至第（4）节适用于如下情形：当一条数据消息的原创人在发送该数据消息之前或同时，或在该数据消息本身中，要求目标人的回执，或与目标人之间存在关于回执的协议。

（2）如原创人和目标人未就回执的具体格式或方式达成一致，则回执可以是：

（甲）来自目标人的、自动发送或非自动发送的任何信息；

（乙）由目标人的任何行为所给出，只要它足以向原创人表明有关数据消息已经收到。

（3）如原创人已经声明，回执是该数据消息发生效力的先决条件，则在原创人收到回执之前，该数据消息应被视同为没有发送。

（4）如原创人未曾声明，回执是该数据消息发生效力的先决条件，而原创人在指定或议定的期限内未收到回执，则原创人可以在一个合理的期限内：

（甲）提醒目标人有关回执未收到，并指定一个收到回执的合理期限；并且

（乙）如果在上述（甲）小节中所指定期限内仍未收到回执，则原创人可以依据上述提醒，将有关数据消息视同为没有发送，或行使其他有关权利。

（5）只要原创人收到目标人的回执，有关数据消息即被视为已经送达。但是，这并不默认所收到的数据消息和原始数据消息的一致性。

（6）如果回执中声明，所收到的有关数据消息在应用标准方面满足议定的或设定的技术要求，则有关数据消息即被视为满足了这些要求。

（7）在与数据消息的发送和接收无关的事宜上，由该数据消息或其回执所引起的任何法律后果，本条均不予涉及。

第十五条　数据消息发出和接收的时间与地点

（1）除非在原创人和目标人之间另有协定，否则一条数据消息的发出时间，是在它进入一个不受原创人控制或不受代表原创人发送该消息者控制的信息系统之时。

（2）除非在原创人和目标人之间另有协定，否则一条数据消息的收到时间将作如下决定：

（甲）如目标人指定某信息系统接收数据消息，则收到时间是（Ⅰ）该数据消息进入该信息系统之时；或（Ⅱ）该数据消息被发送到属于目标人的另外一个信息系统，则是目标人读取该数据消息之时。

（乙）如目标人未指定某个信息系统,则收到时间是该数据消息进入任何一个属于目标人的信息系统之时。

（3）即使有关信息系统放置的地点与下述第（4）节中认定的、有关数据消息的收到地点不相符,上述第（2）节仍然适用。

（4）除非在原创人和目标人之间另有协定,否则一条数据消息的发出地点,将被认定为是该原创人的营业地点,而一条数据消息的收到地点,将被认定为是该目标人的营业地点。根据本条精神:

（甲）如果原创人或目标人有一个以上的营业地点,则收到地点认定为和有关交易活动关系最密切的一个地点,在没有相关交易活动的情况下则认定为其主要营业地点。

（乙）如果原创人或目标人没有营业地点,则认定为其居住地点。

（5）本条各款不适用于如下情况:（略）

第二部分　特殊领域的电子商务

第一章　货物运输

第十六条　与货物运输合同有关的行为在不违反本法第一部分各条款的情况下,本章适用于任何和一份货物运输合同有关或以一份货物运输合同为目的的行为,包括但不限于:

（甲）（Ⅰ）提供货物的标记、数目、数量或重量;

（Ⅱ）声明或宣布货物的性质或价值;

（Ⅲ）发出货物回执;

（Ⅳ）确认货物的装卸;

（乙）（Ⅰ）提示某人有关合同的条款和条件;

（Ⅱ）给予某承运人以指示;

（丙）（Ⅰ）认领发送的货物;

（Ⅱ）授权发放货物;

（Ⅲ）开列货物的损失或损坏;

（丁）提出任何其他与合同实施有关的通知或声明;

（戊）承担将货物送达指定姓名的人,或某个有权认领货物的人;

（己）授予、取得、放弃、交出、转让或谈判有关货物的权利;

（庚）取得或转让有关合同所规定的权利和义务。

第十七条　运输文件

（1）上述第十六条所涉及的所有行为,如果法律上要求其通过书写或文书形式来实行,则通过使用一条或多条数据信息来实行该行为,也同样满足有关法律要求。但下述第(3)节所述情况不包括在内。

（2）无论是有关法律要求表现为强制义务形式,或有关法律仅仅指出如果该行为既不是通过书写,也不是通过文书形式实行时,会发生何种后果,上述第(1)节均为适用。

（3）如果某人要独占性地获准一项权利或获得一项强制义务,而且如果法律上为了达到这个效果,要求该权利或义务必须通过传送或使用一份文书的形式来转让,则通过使用一条或多条数据消息来转让该权利或义务,也同样满足有关法律要求,只要能够通过某种可信的方法来保障该数据消息的独一性。

（4）在实行上述第(3)节时,所谓"可信",其判断标准应当参照转让相应权利或义务的意图以及参照所有的环境条件,包括任何相关的协议。

（5）如果一条或多条数据消息被用来实施第十六条第(己)、(庚)小节中所指的任何行为,则必须在终止使用数据消息,代以使用文书之后,使用文书来实施相应行为才具有效力。在这种情形下,所使用文书中必须包含相应的终止声明。当用文书来代替使用数据消息时,不得影响有关各方的权利或义务。

（6）对于包含在一份文书内或以一份文书为凭据的货物运输合同,如果强制性地适用某一法律规定,则对于以一条或多条数据消息为凭据的一份货物运输合同,不应因其是以数据消息而不是以文书为凭据,就不适用同样的法律规定。

（7）本条各款不适用于如下情况:(略)

143

附录Ⅱ　中华人民共和国电子签名法
（2015 年修正）

（2004 年 8 月 28 日第十届全国人民代表大会常务委员会第十一次会议通过，根据
2015 年 4 月 24 日第十二届全国人民代表大会常务委员会第十四次会议《全国人民代
表大会常务委员会关于修改<中华人民共和国电力法>等六部法律的决定》修正）

第一章　总　则

第一条　为了规范电子签名行为，确立电子签名的法律效力，维护有关各方的合法
权益，制定本法。

第二条　本法所称电子签名，是指数据电文中以电子形式所含、所附用于识别签名
人身份并表明签名人认可其中内容的数据。

本法所称数据电文，是指以电子、光学、磁或者类似手段生成、发送、接收或者储存
的信息。

第三条　民事活动中的合同或者其他文件、单证等文书，当事人可以约定使用或者
不使用电子签名、数据电文。

当事人约定使用电子签名、数据电文的文书，不得仅因为其采用电子签名、数据电
文的形式而否定其法律效力。

前款规定不适用下列文书：

（一）涉及婚姻、收养、继承等人身关系的；

（二）涉及土地、房屋等不动产权益转让的；

（三）涉及停止供水、供热、供气、供电等公用事业服务的；

（四）法律、行政法规规定的不适用电子文书的其他情形。

第二章　数据电文

第四条　能够有形地表现所载内容，并可以随时调取查用的数据电文，视为符合法
律、法规要求的书面形式。

第五条　符合下列条件的数据电文，视为满足法律、法规规定的原件形式要求：

（一）能够有效地表现所载内容并可供随时调取查用；

（二）能够可靠地保证自最终形成时起，内容保持完整、未被更改。但是，在数据电
文上增加背书以及数据交换、储存和显示过程中发生的形式变化不影响数据电文的完

整性。

第六条 符合下列条件的数据电文,视为满足法律、法规规定的文件保存要求:

(一)能够有效地表现所载内容并可供随时调取查用;

(二)数据电文的格式与其生成、发送或者接收时的格式相同,或者格式不相同,但是能够准确表现原来生成、发送或者接收的内容;

(三)能够识别数据电文的发件人、收件人以及发送、接收的时间。

第七条 数据电文不得仅因为其是以电子、光学、磁或者类似手段生成、发送、接收或者储存的而被拒绝作为证据使用。

第八条 审查数据电文作为证据的真实性,应当考虑以下因素:

(一)生成、储存或者传递数据电文方法的可靠性;

(二)保持内容完整性方法的可靠性;

(三)用以鉴别发件人方法的可靠性;

(四)其他相关因素。

第九条 数据电文有下列情形之一的,视为发件人发送:

(一)经发件人授权发送的;

(二)发件人的信息系统自动发送的;

(三)收件人按照发件人认可的方法对数据电文进行验证后结果相符的。

当事人对前款规定的事项另有约定的,从其约定。

第十条 法律、行政法规规定或者当事人约定数据电文需要确认收讫的,应当确认收讫。发件人收到收件人的收讫确认时,数据电文视为已经收到。

第十一条 数据电文进入发件人控制之外的某个信息系统的时间,视为该数据电文的发送时间。

收件人指定特定系统接收数据电文的,数据电文进入该特定系统的时间,视为该数据电文的接收时间;未指定特定系统的,数据电文进入收件人的任何系统的首次时间,视为该数据电文的接收时间。

当事人对数据电文的发送时间、接收时间另有约定的,从其约定。

第十二条 发件人的主营业地为数据电文的发送地点,收件人的主营业地为数据电文的接收地点。没有主营业地的,其经常居住地为发送或者接收地点。

当事人对数据电文的发送地点、接收地点另有约定的,从其约定。

第三章 电子签名与认证

第十三条 电子签名同时符合下列条件的,视为可靠的电子签名:

(一)电子签名制作数据用于电子签名时,属于电子签名人专有;

(二)签署时电子签名制作数据仅由电子签名人控制;

（三）签署后对电子签名的任何改动能够被发现；

（四）签署后对数据电文内容和形式的任何改动能够被发现。

当事人也可以选择使用符合其约定的可靠条件的电子签名。

第十四条 可靠的电子签名与手写签名或者盖章具有同等的法律效力。

第十五条 电子签名人应当妥善保管电子签名制作数据。电子签名人知悉电子签名制作数据已经失密或者可能已经失密时，应当及时告知有关各方，并终止使用该电子签名制作数据。

第十六条 电子签名需要第三方认证的，由依法设立的电子认证服务提供者提供认证服务。

第十七条 提供电子认证服务，应当具备下列条件：

（一）具有与提供电子认证服务相适应的专业技术人员和管理人员；

（二）具有与提供电子认证服务相适应的资金和经营场所；

（三）具有符合国家安全标准的技术和设备；

（四）具有国家密码管理机构同意使用密码的证明文件；

（五）法律、行政法规规定的其他条件。

第十八条 从事电子认证服务，应当向国务院信息产业主管部门提出申请，并提交符合本法第十七条规定条件的相关材料。国务院信息产业主管部门接到申请后经依法审查，征求国务院商务主管部门等有关部门的意见后，自接到申请之日起45日内做出许可或者不予许可的决定。予以许可的，颁发电子认证许可证书；不予许可的，应当书面通知申请人并告知理由。

申请人应当持电子认证许可证书依法向工商行政管理部门办理企业登记手续。

取得认证资格的电子认证服务提供者，应当按照国务院信息产业主管部门的规定在互联网上公布其名称、许可证号等信息。

第十九条 电子认证服务提供者应当制定、公布符合国家有关规定的电子认证业务规则，并向国务院信息产业主管部门备案。

电子认证业务规则应当包括责任范围、作业操作规范、信息安全保障措施等事项。

第二十条 电子签名人向电子认证服务提供者申请电子签名认证证书，应当提供真实、完整和准确的信息。

电子认证服务提供者收到电子签名认证证书申请后，应当对申请人的身份进行查验，并对有关材料进行审查。

第二十一条 电子认证服务提供者签发的电子签名认证证书应当准确无误，并应当载明下列内容：

（一）电子认证服务提供者名称；

（二）证书持有人名称；

（三）证书序列号；

（四）证书有效期；

（五）证书持有人的电子签名验证数据；

（六）电子认证服务提供者的电子签名；

（七）国务院信息产业主管部门规定的其他内容。

第二十二条　电子认证服务提供者应当保证电子签名认证证书内容在有效期内完整、准确，并保证电子签名依赖方能够证实或者了解电子签名认证证书所载内容及其他有关事项。

第二十三条　电子认证服务提供者拟暂停或者终止电子认证服务的，应当在暂停或者终止服务九十日前，就业务承接及其他有关事项通知有关各方。

电子认证服务提供者拟暂停或者终止电子认证服务的，应当在暂停或者终止服务六十日前向国务院信息产业主管部门报告，并与其他电子认证服务提供者就业务承接进行协商，作出妥善安排。

电子认证服务提供者未能就业务承接事项与其他电子认证服务提供者达成协议的，应当申请国务院信息产业主管部门安排其他电子认证服务提供者承接其业务。

电子认证服务提供者被依法吊销电子认证许可证书的，其业务承接事项的处理按照国务院信息产业主管部门的规定执行。

第二十四条　电子认证服务提供者应当妥善保存与认证相关的信息，信息保存期限至少为电子签名认证证书失效后五年。

第二十五条　国务院信息产业主管部门依照本法制定电子认证服务业的具体管理办法，对电子认证服务提供者依法实施监督管理。

第二十六条　经国务院信息产业主管部门根据有关协议或者对等原则核准后，中华人民共和国境外的电子认证服务提供者在境外签发的电子签名认证证书与依照本法设立的电子认证服务提供者签发的电子签名认证证书具有同等的法律效力。

第四章　法律责任

第二十七条　电子签名人知悉电子签名制作数据已经失密或者可能已经失密未及时告知有关各方，并终止使用电子签名制作数据，未向电子认证服务提供者提供真实、完整和准确的信息或者有其他过错，给电子签名依赖方、电子认证服务提供者造成损失的，承担赔偿责任。

第二十八条　电子签名人或者电子签名依赖方因依据电子认证服务提供者提供的电子签名认证服务从事民事活动遭受损失，电子认证服务提供者不能证明自己无过错的，承担赔偿责任。

第二十九条　未经许可提供电子认证服务的,由国务院信息产业主管部门责令停止违法行为;有违法所得的,没收违法所得;违法所得三十万元以上的,处违法所得一倍以上三倍以下的罚款;没有违法所得或者违法所得不足三十万元的,处十万元以上三十万元以下的罚款。

第三十条　电子认证服务提供者暂停或者终止电子认证服务,未在暂停或者终止服务六十日前向国务院信息产业主管部门报告的,由国务院信息产业主管部门对其直接负责的主管人员处一万元以上五万元以下的罚款。

第三十一条　电子认证服务提供者不遵守认证业务规则、未妥善保存与认证相关的信息或者有其他违法行为的,由国务院信息产业主管部门责令限期改正;逾期未改正的,吊销电子认证许可证书,其直接负责的主管人员和其他直接责任人员十年内不得从事电子认证服务。吊销电子认证许可证书的,应当予以公告并通知工商行政管理部门。

第三十二条　伪造、冒用、盗用他人的电子签名,构成犯罪的,依法追究刑事责任;给他人造成损失的,依法承担民事责任。

第三十三条　依照本法负责电子认证服务业监督管理工作的部门的工作人员,不依法履行行政许可、监督管理职责的,依法给予行政处分;构成犯罪的,依法追究刑事责任。

第五章　附　则

148

第三十四条　本法中下列用语的含义:

(一)电子签名人,是指持有电子签名制作数据并以本人身份或者以其所代表的人的名义实施电子签名的人;

(二)电子签名依赖方,是指基于对电子签名认证证书或者电子签名的信赖从事有关活动的人;

(三)电子签名认证证书,是指可证实电子签名人与电子签名制作数据有联系的数据电文或者其他电子记录;

(四)电子签名制作数据,是指在电子签名过程中使用的,将电子签名与电子签名人可靠地联系起来的字符、编码等数据;

(五)电子签名验证数据,是指用于验证电子签名的数据,包括代码、口令、算法或者公钥等。

第三十五条　国务院或者国务院规定的部门可以依据本法制定政务活动和其他社会活动中使用电子签名、数据电文的具体办法。

第三十六条　本法自 2005 年 4 月 1 日起施行。

附录Ⅲ　中国互联网络域名管理办法（2004 年）

信息产业部
中华人民共和国信息产业部令
第 30 号

《中国互联网络域名管理办法》已经 2004 年 9 月 28 日信息产业部第 8 次部务会议审议通过，现予公布，自 2004 年 12 月 20 日起施行。

部长：王旭东
二○○四年十一月五日

中国互联网络域名管理办法

第一章　总　则

第一条　为促进中国互联网络的健康发展，保障中国互联网络域名系统安全、可靠地运行，规范中国互联网络域名系统管理和域名注册服务，根据国家有关规定，参照国际上互联网络域名管理准则，制定本办法。

第二条　在中华人民共和国境内从事域名注册服务及相关活动，应当遵守本办法。

第三条　本办法下列用语的含义是：

（一）域名：是互联网络上识别和定位计算机的层次结构式的字符标识，与该计算机的互联网协议（IP）地址相对应。

（二）中文域名：是指含有中文文字的域名。

（三）域名根服务器：是指承担域名体系中根节点功能的服务器。

（四）域名根服务器运行机构：是指承担运行、维护和管理域名根服务器的机构。

（五）顶级域名：是指域名体系中根节点下的第一级域的名称。

（六）域名注册管理机构：是指承担顶级域名系统的运行、维护和管理工作的机构。

（七）域名注册服务机构：是指受理域名注册申请，直接完成域名在国内顶级域名数据库中注册、直接或间接完成域名在国外顶级域名数据库中注册的机构。

149

第四条　信息产业部负责中国互联网络域名的管理工作,主要职责是:

(一)制定互联网络域名管理的规章及政策;

(二)制定国家(或地区)顶级域名 CN 和中文域名体系;

(三)管理在中华人民共和国境内设置并运行域名根服务器(含镜像服务器)的域名根服务器运行机构;

(四)管理在中华人民共和国境内设立的域名注册管理机构和域名注册服务机构;

(五)监督管理域名注册活动;

(六)负责与域名有关的国际协调。

第五条　任何组织或者个人不得采取任何手段妨碍中华人民共和国境内互联网域名系统的正常运行。

第二章　域名管理

第六条　我国互联网的域名体系由信息产业部以公告形式予以公布。根据域名发展的实际情况,信息产业部可以对互联网的域名体系进行调整,并发布更新公告。

第七条　中文域名是我国域名体系的重要组成部分。信息产业部鼓励和支持中文域名系统的技术研究和逐步推广应用。

第八条　在中华人民共和国境内设置域名根服务器及设立域名根服务器运行机构,应当经信息产业部批准。

第九条　申请设置互联网域名根服务器及设立域名根服务器运行机构,应当具备以下条件:

(一)具有相应的资金和专门人员;

(二)具有保障域名根服务器安全可靠运行的环境条件和技术能力;

(三)具有健全的网络与信息安全保障措施;

(四)符合互联网络发展以及域名系统稳定运行的需要;

(五)符合国家其他有关规定。

第十条　申请设置域名根服务器及设立域名根服务器运行机构,应向信息产业部提交以下书面申请材料:

(一)申请单位的基本情况;

(二)拟运行维护的域名根服务器情况;

(三)网络技术方案;

(四)网络与信息安全技术保障措施的证明。

第十一条　在中华人民共和国境内设立域名注册管理机构和域名注册服务机构,应当经信息产业部批准。

第十二条　申请成为域名注册管理机构,应当具备以下条件:

（一）在中华人民共和国境内设置顶级域名服务器（不含镜像服务器），且相应的顶级域名符合国际互联网域名体系和我国互联网域名体系；

（二）有与从事域名注册有关活动相适应的资金和专业人员；

（三）有从事互联网域名等相关服务的良好业绩和运营经验；

（四）有为用户提供长期服务的信誉或者能力；

（五）有业务发展计划和相关技术方案；

（六）有健全的域名注册服务监督机制和网络与信息安全保障措施；

（七）符合国家其他有关规定。

第十三条　申请成为域名注册管理机构的，应当向信息产业部提交下列材料：

（一）有关资金和人员的说明材料；

（二）对境内的顶级域名服务器实施有效管理的证明材料；

（三）证明申请人信誉的材料；

（四）业务发展计划及相关技术方案；

（五）域名注册服务监督机制和网络与信息安全技术保障措施；

（六）拟与域名注册服务机构签署的协议范本；

（七）法定代表人签署的遵守国家有关法律、政策和我国域名体系的承诺书。

第十四条　从事域名注册服务活动，应当具备下列条件：

（一）是依法设立的企业法人或事业法人；

（二）注册资金不得少于人民币100万元，在中华人民共和国境内设置有域名注册服务系统，且有专门从事域名注册服务的技术人员和客户服务人员；

（三）有为用户提供长期服务的信誉或者能力；

（四）有业务发展计划及相关技术方案；

（五）有健全的网络与信息安全保障措施；

（六）有健全的域名注册服务退出机制；

（七）符合国家其他有关规定。

第十五条　申请成为域名注册服务机构，应当向信息产业部提交以下书面材料：

（一）法人资格证明；

（二）拟提供注册服务的域名项目及技术人员、客户服务人员的情况说明；

（三）与相关域名注册管理机构或境外的域名注册服务机构签订的合作意向书或协议；

（四）用户服务协议范本；

（五）业务发展计划及相关技术方案；

（六）网络与信息安全技术保障措施的证明；

（七）证明申请人信誉的有关材料；

（八）法定代表人签署的遵守国家有关法律、政策的承诺书。

第十六条 对申请材料齐全、符合法定形式的，信息产业部应当向申请人发出受理申请通知书；对申请材料不齐全或者不符合法定形式的，应当当场或在五日内一次性书面告知申请人需要补齐的全部内容；对不予受理的，应当向申请人出具不予受理通知书，并说明理由。

第十七条 信息产业部应当自发出受理申请通知书之日起二十个工作日内完成审查工作，作出批准或者不予批准的决定。二十个工作日内不能作出决定的，经信息产业部负责人批准，可以延长十个工作日，并将延长期限的理由告知申请人。

予以批准的，出具批准意见书；不予以批准的，书面通知申请人并说明理由。

第十八条 域名注册管理机构应当自觉遵守国家相关的法律、行政法规和规章，保证域名系统安全、可靠地运行，公平、合理地为域名注册服务机构提供安全、方便的域名服务。

无正当理由，域名注册管理机构不得擅自中断域名注册服务机构的域名注册服务。

第十九条 域名注册服务机构应当自觉遵守国家相关法律、行政法规和规章，公平、合理地为用户提供域名注册服务。

域名注册服务机构不得采用欺诈、胁迫等不正当的手段要求用户注册域名。

第二十条 域名注册服务机构的名称、地址、法定代表人等登记信息发生变更或者域名注册服务机构与其域名注册管理机构的合作关系发生变更或终止时，域名注册服务机构应当在变更或终止后三十日内报信息产业部备案。

第二十一条 域名注册管理机构应当配置必要的网络和通信应急设备，制定切实有效的网络通信保障应急预案，健全网络与信息安全应急制度。

因国家安全和处置紧急事件的需要，域名注册管理机构和域名注册服务机构应当服从信息产业部的统一指挥与协调，遵守并执行信息产业部的管理要求。

第二十二条 信息产业部应当加强对域名注册管理机构和域名注册服务机构的监督检查，纠正监督检查过程中发现的违法行为。

第三章 域名注册

第二十三条 域名注册管理机构应当根据本办法制定相应的域名注册实施细则，报信息产业部备案后施行。

第二十四条 域名注册服务遵循"先申请先注册"原则。

第二十五条 为维护国家利益和社会公众利益，域名注册管理机构可以对部分保留字进行必要保护，报信息产业部备案后施行。

除前款规定外，域名注册管理机构和注册服务机构不得预留或变相预留域名。域名注册管理机构和注册服务机构在提供域名注册服务过程中不得代表任何实际或潜在的域名持有者。

第二十六条 域名注册管理机构和域名注册服务机构应当公布域名注册服务的内容、时限、费用,提供域名注册信息的公共查询服务,保证域名注册服务的质量,并有义务向信息产业部提供域名注册信息。

未经用户同意,域名注册管理机构和域名注册服务机构不得将域名注册信息用于前款规定以外的其他用途,但国家法律、行政法规另有规定的除外。

第二十七条 任何组织或个人注册和使用的域名,不得含有下列内容:

(一)反对宪法所确定的基本原则的;

(二)危害国家安全,泄露国家秘密,颠覆国家政权,破坏国家统一的;

(三)损害国家荣誉和利益的;

(四)煽动民族仇恨、民族歧视,破坏民族团结的;

(五)破坏国家宗教政策,宣扬邪教和封建迷信的;

(六)散布谣言,扰乱社会秩序,破坏社会稳定的;

(七)散布淫秽、色情、赌博、暴力、凶杀、恐怖或者教唆犯罪的;

(八)侮辱或者诽谤他人,侵害他人合法权益的;

(九)含有法律、行政法规禁止的其他内容的。

第二十八条 域名注册申请者应当提交真实、准确、完整的域名注册信息,并与域名注册服务机构签订用户注册协议。

域名注册完成后,域名注册申请者即成为其注册域名的持有者。

第二十九条 域名持有者应当遵守国家有关互联网络的法律、行政法规和规章。

因持有或使用域名而侵害他人合法权益的责任,由域名持有者承担。

第三十条 注册域名应当按期缴纳域名运行费用。域名注册管理机构应当制定具体的域名运行费用收费办法,并报信息产业部备案。

第三十一条 域名注册信息发生变更的,域名持有者应当在变更后三十日内向域名注册服务机构申请变更注册信息。

第三十二条 域名持有者可以选择和变更域名注册服务机构。域名持有者变更域名注册服务机构的,原域名注册服务机构应当承担转移域名持有者注册信息的义务。

无正当理由,域名注册服务机构不得阻止域名持有者变更域名注册服务机构。

第三十三条 域名注册管理机构应当设立用户投诉受理热线或采取其他必要措施,及时处理用户对域名注册服务机构提出的意见;难以及时处理的,必须向用户说明理由和相关处理时限。

对于向域名注册管理机构投诉没有处理结果或对处理结果不满意,或者对域名注册管理机构的服务不满意的,用户或域名注册服务机构可以向信息产业部提出申诉。

第三十四条 已注册的域名出现下外情形之一时,原域名注册服务机构应当予以注销,并以书面形式通知域名持有者:

(一)域名持有者或其代理人申请注销域名的;

(二)域名持有者提交的域名注册信息不真实、不准确、不完整的;

(三)域名持有者未按照规定缴纳相应费用的;

(四)依据人民法院、仲裁机构或域名争议解决机构作出的裁判,应当注销的;

(五)违反相关法律、行政法规及本办法规定的。

第三十五条 域名注册管理机构和域名注册服务机构有义务配合国家主管部门开展网站检查工作,必要时按要求暂停或停止相关的域名解析服务。

第四章 域名争议

第三十六条 域名注册管理机构可以指定中立的域名争议解决机构解决域名争议。

第三十七条 任何人就已经注册或使用的域名向域名争议解决机构提出投诉,并且符合域名争议解决办法规定的条件的,域名持有者应当参与域名争议解决程序。

第三十八条 域名争议解决机构作出的裁决只涉及争议域名持有者信息的变更。

域名争议解决机构作出的裁决与人民法院或者仲裁机构已经发生法律效力的裁判不一致的,域名争议解决机构的裁决服从于人民法院或者仲裁机构发生法律效力的裁判。

第三十九条 域名争议在人民法院、仲裁机构或域名争议解决机构处理期间,域名持有者不得转让有争议的域名,但域名受让方以书面形式同意接受人民法院裁判、仲裁裁决或争议解决机构裁决约束的除外。

第五章 罚 则

第四十条 违反本办法第八条、第十一条的规定,未经行政许可擅自设置域名根服务器或者设立域名根服务器运行机构、擅自设立域名注册管理机构和域名注册服务机构的,信息产业部应当根据《中华人民共和国行政许可法》第八十一条的规定,采取措施制止其开展业务或者提供服务,并视情节轻重,予以警告或处三万元以下罚款。

第四十一条 域名注册服务机构超出批准的项目范围提供域名注册服务的,由信息产业部责令限期改正;逾期不改正的,信息产业部应当根据《中华人民共和国行政许可法》第八十一条的规定,采取措施制止其提供超范围的服务,并视情节轻重,予以警告或处三万元以下罚款。

第四十二条 违反本办法第五条、第十八条、第十九条、第二十条、第二十五条、第二十六条、第三十二条、第三十五条规定的,由信息产业部责令限期改正,并视情节轻重,予以警告或处三万元以下罚款。

第四十三条　违反本办法第二十七条的规定,构成犯罪的,依法追究刑事责任;尚不构成犯罪的,由国家有关机关依照有关法律、行政法规的规定予以处罚。

第六章　附　则

第四十四条　在本办法施行前已经开展互联网域名注册服务的域名注册管理机构和域名注册服务机构,应当自本办法施行之日起六十日内,到信息产业部办理登记手续。

第四十五条　本办法自 2004 年 12 月 20 日起施行。2002 年 8 月 1 日公布的《中国互联网络域名管理办法》(信息产业部令第 24 号)同时废止。

附录Ⅳ 公开征求对《互联网域名管理办法（修订征求意见稿）》的意见

为了规范互联网域名服务活动，落实《国务院关于取消和调整一批行政审批项目等事项的决定》（国发〔2014〕27号）等有关规定，我部起草了《互联网域名管理办法（修订征求意见稿）》，现向社会公开征求意见，请于2016年4月25日前反馈意见。

联系人：工业和信息化部政策法规司

电　　话：010-68205072（传真）

电子邮箱：law@miit.gov.cn

地　　址：北京市西城区西长安街13号工业和信息化部政策法规司（邮编：100804），请在信封上注明"规章征求意见"。

工业和信息化部

2016年3月25日

互联网域名管理办法

（修订征求意见稿）

第一章　总　则

第一条　为了规范互联网域名服务活动，保护用户合法权益，保障互联网域名系统安全、可靠运行，推动中文域名和国家顶级域名发展和应用，促进中国互联网健康发展，根据《中华人民共和国行政许可法》、《国务院对确需保留的行政审批项目设定行政许可的决定》等规定，参照国际上互联网域名管理准则，制定本办法。

第二条　在中华人民共和国境内从事互联网域名服务及相关活动，应当遵守本办法。

本办法所称互联网域名服务（以下简称域名服务），是指从事域名根服务器运行和管理、顶级域名运行和管理、域名注册、域名解析等活动。

第三条　工业和信息化部对全国的域名服务实施监督管理，主要职责是：

（一）制定互联网域名管理规章及政策；

（二）制定互联网域名体系、域名资源发展规划；

（三）管理境内的域名根服务器运行机构和域名注册管理机构；

（四）负责域名体系的网络与信息安全管理；

（五）依法保护用户个人信息和合法权益；

（六）负责与域名有关的国际协调；

（七）管理境内的域名解析服务；

（八）管理其他与域名服务相关的活动。

第四条 各省、自治区、直辖市通信管理局负责对本行政区域内的域名服务实施监督管理，主要职责是：

（一）贯彻执行域名管理法律、行政法规、规章和政策；

（二）管理本行政区域内的域名注册服务机构；

（三）协助工业和信息化部对本行政区域内的域名根服务器运行机构和域名注册管理机构进行管理；

（四）负责本行政区域内域名系统的网络与信息安全管理；

（五）依法保护用户个人信息和合法权益；

（六）管理本行政区域内的域名解析服务；

（七）管理本行政区域内其他与域名服务相关的活动。

第五条 互联网域名体系由工业和信息化部予以公告。根据域名发展的实际情况，工业和信息化部可以对互联网域名体系进行调整。

第六条 ".CN"和".中国"是中国的国家顶级域名。

中文域名是互联网域名体系的重要组成部分。国家鼓励和支持中文域名系统的技术研究和推广应用。

第七条 提供域名服务，应当遵守国家相关法律法规，符合相关技术规范和标准。

第八条 任何组织和个人不得妨碍互联网域名系统的安全和稳定运行。

第二章 域名管理

第九条 在境内设立域名根服务器及域名根服务器运行机构、域名注册管理机构和域名注册服务机构的，应当取得工业和信息化部或者省、自治区、直辖市通信管理局（以下统称电信管理机构）的相应许可。

第十条 申请设立域名根服务器及域名根服务器运行机构的，应当具备以下条件：

（一）域名根服务器设置在境内，并且符合互联网发展相关规划及域名系统安全稳定运行要求；

（二）是在境内依法设立的法人，该法人及其主要出资者、主要经营管理人员具有良好的信用记录；

157

（三）具有保障域名根服务器安全可靠运行的场地、资金、环境、专业人员和技术能力以及符合电信管理机构要求的信息管理系统；

（四）具有健全的网络与信息安全保障措施，包括管理人员、网络与信息安全管理制度、应急处置预案和相关技术、管理措施等；

（五）具有用户个人信息保护能力、提供长期服务的能力及健全的服务退出机制；

（六）法律、行政法规规定的其他条件。

第十一条 申请设立域名注册管理机构的，应当具备以下条件：

（一）顶级域名管理系统设置在境内，并且持有的顶级域名符合相关法律法规及域名系统安全稳定运行要求；

（二）是在境内依法设立的法人，该法人及其主要出资者、主要经营管理人员具有良好的信用记录；

（三）具有完善的业务发展计划和技术方案以及与从事顶级域名运行管理相适应的场地、资金、专业人员以及符合电信管理机构要求的信息管理系统；

（四）具有健全的网络与信息安全保障措施，包括管理人员、网络与信息安全管理制度、应急处置预案和相关技术、管理措施等；

（五）具有进行真实身份信息核验和用户个人信息保护的能力、提供长期服务的能力及健全的服务退出处理机制；

（六）具有健全的域名注册服务管理制度和对域名注册服务机构的监督机制；

（七）法律、行政法规规定的其他条件。

第十二条 申请设立域名注册服务机构的，应当具备下列条件：

（一）域名注册服务系统、注册数据库和解析系统设置在境内；

（二）是在境内依法设立的法人，该法人及其主要出资者、主要经营管理人员具有良好的信用记录；

（三）具有与从事域名注册服务相适应的场地、资金和专业人员以及符合电信管理机构要求的信息管理系统；

（四）具有进行真实身份信息核验和用户个人信息保护的能力、提供长期服务的能力及健全的服务退出机制；

（五）具有健全的域名注册服务管理制度和对域名注册代理机构的监督机制；

（六）具有健全的网络与信息安全保障措施，包括管理人员、网络与信息安全管理制度、应急处置预案和相关技术、管理措施等；

（七）法律、行政法规规定的其他条件。

第十三条 申请设立域名根服务器及域名根服务器运行机构、域名注册管理机构的，应当向工业和信息化部提交申请材料。申请设立域名注册服务机构的，应当向住所地省、自治区、直辖市通信管理局提交申请材料。

申请材料应当包括：

（一）申请单位的基本情况；

（二）对域名服务实施有效管理的证明材料，包括相关系统及场所、服务能力的证明材料、管理制度、与其他机构签订的协议等；

（三）网络与信息安全保障制度及措施；

（四）证明申请单位信誉的材料；

（五）法定代表人签署的依法诚信经营承诺书。

第十四条　申请材料齐全、符合法定形式的，电信管理机构应当向申请单位出具受理申请通知书；申请材料不齐全或者不符合法定形式的，电信管理机构应当场或在 5 个工作日内一次性书面告知申请单位需要补正的全部内容；不予受理的，应当出具不予受理通知书并说明理由。

第十五条　电信管理机构应当自受理之日起 20 个工作日内完成审查，作出予以许可或者不予许可的决定。20 个工作日内不能作出决定的，经电信管理机构负责人批准，可以延长 10 个工作日，并将延长期限的理由告知申请单位。需要组织专家论证的，论证时间不计入审查期限。

予以许可的，应当颁发相应的许可文件；不予许可的，应当书面通知申请单位并说明理由。

第十六条　域名根服务器运行机构、域名注册管理机构和域名注册服务机构的许可有效期为 5 年。

第十七条　域名根服务器运行机构、域名注册管理机构和域名注册服务机构的名称、住所、法定代表人等信息发生变更的，应当自变更之日起 20 日内向原发证机关办理变更手续。

第十八条　在许可有效期内，域名根服务器运行机构、域名注册管理机构、域名注册服务机构拟终止相关服务的，应当通知用户，提出可行的善后处理方案，并向原发证机关提交书面申请。

原发证机关收到申请后，应当向社会公示 30 日。公示期结束 60 日内，原发证机关应当完成审查工作，做出予以批准或者不予批准的决定。

第十九条　许可有效期届满需要继续从事域名服务的，应当提前 90 日向原发证机关申请延续；不再继续从事域名服务的，应当提前 90 日向原发证机关报告并做好善后工作。

第二十条　域名注册服务机构委托域名注册代理机构开展市场销售等工作的，应当对域名注册代理机构的工作进行监督和管理。

域名注册代理机构在开展委托的市场销售等工作过程中,应当主动表明代理关系,并在域名注册服务合同中明示相关域名注册服务机构名称及代理关系。

第二十一条　域名注册管理机构、域名注册服务机构应当在境内设立相应的应急备份系统和应急机制,定期将域名注册数据在境内进行备份。

第二十二条　域名根服务器运行机构、域名注册管理机构、域名注册服务机构应当在其网站首页和经营场所显著位置标明其许可相关信息。域名注册管理机构还应当标明与其合作的域名注册服务机构名单。

域名注册服务机构应当要求域名注册代理机构在其网站首页和经营场所显著位置标明域名注册服务机构名称。

第三章　域名服务

第二十三条　域名根服务器运行机构、域名注册管理机构和域名注册服务机构应当向用户提供安全、方便、稳定的服务。

第二十四条　域名注册管理机构应当根据本办法制定域名注册实施细则并向社会公开。

第二十五条　域名注册管理机构应当通过电信管理机构许可的域名注册服务机构开展域名注册服务。

域名注册服务机构应当按照许可的域名注册服务项目提供服务,不得为未经许可的域名注册管理机构提供域名注册服务。

第二十六条　域名注册服务原则上实行"先申请先注册",相应顶级域域名注册实施细则另有规定的,从其规定。

第二十七条　为维护国家利益和社会公众利益,域名注册管理机构应当建立域名注册保留字制度。

第二十八条　域名注册服务机构不得为任何组织或者个人注册、使用含有下列内容的域名提供服务:

(一)反对宪法所确定的基本原则的;

(二)危害国家安全,泄露国家秘密,颠覆国家政权,破坏国家统一的;

(三)损害国家荣誉和利益的;

(四)煽动民族仇恨、民族歧视,破坏民族团结的;

(五)破坏国家宗教政策,宣扬邪教和封建迷信的;

(六)散布谣言,扰乱社会秩序,破坏社会稳定的;

(七)散布淫秽、色情、赌博、暴力、凶杀、恐怖或者教唆犯罪的;

(八)侮辱或者诽谤他人,侵害他人合法权益的;

(九)含有法律、行政法规禁止的其他内容的。

第二十九条　域名注册服务机构不得采用欺诈、胁迫等不正当手段要求他人注册域名。

第三十条　域名注册服务机构应当要求域名注册申请者提交域名持有者的真实、准确、完整的身份信息等域名注册信息。

域名注册管理机构和域名注册服务机构应当对域名注册信息的真实性、完整性进行核验。

域名注册申请者提交的域名注册信息不准确、不完整的,域名注册服务机构应当要求其予以补正。申请者不补正或者提交不真实的域名注册信息的,域名注册服务机构不得为其提供域名注册服务。

第三十一条　域名注册服务机构应当公布域名注册服务的内容、时限、费用,保证服务质量,提供域名注册信息的公共查询服务。

第三十二条　域名注册管理机构、域名注册服务机构应当依法保护用户个人信息。除用于提供域名注册信息的公共查询服务或法律、法规另有规定外,未经用户同意,不得将用户个人信息提供给他人。

第三十三条　域名持有者的联系方式等信息发生变更的,应当在变更后 30 日内向域名注册服务机构办理域名注册信息变更手续。

域名持有者将域名转让给他人的,后者应当遵守域名注册的相关要求。

第三十四条　域名持有者可以选择、变更域名注册服务机构。变更域名注册服务机构的,原域名注册服务机构应当配合域名持有者转移域名注册相关信息。

无正当理由,域名注册服务机构不得阻止域名持有者变更域名注册服务机构。

电信管理机构要求停止解析的域名,不得变更域名注册服务机构或转让给他人,但法律、行政法规另有规定的除外。

第三十五条　域名注册管理机构和域名注册服务机构应当设立投诉受理机制,并在其网站首页和经营场所显著位置公布投诉受理方式。

域名注册管理机构和域名注册服务机构应当及时处理投诉;不能及时处理的,应当说明理由和处理时限。

第三十六条　提供域名解析服务,应当具备相应的技术、服务和网络与信息安全保障能力,符合有关法律、法规以及技术规范、标准,落实网络与信息安全保障措施,记录并留存域名解析维护日志和变更记录,保障解析服务质量和解析系统安全。涉及经营电信业务的,应当依法取得电信业务经营许可。

第三十七条　在境内进行网络接入的域名应当由境内域名注册服务机构提供服务,并由境内域名注册管理机构运行管理。

在境内进行网络接入、但不属于境内域名注册服务机构管理的域名,互联网接入服务提供者不得为其提供网络接入服务。

第三十八条 提供域名解析服务,不得擅自篡改解析信息。未经他人同意,不得将域名解析指向他人的 IP 地址。

第三十九条 提供域名解析服务,不得为违法网络信息服务提供域名跳转。

第四十条 域名注册管理机构、域名注册服务机构应当配合国家有关部门依法开展的相关检查工作,并按照电信管理机构的要求对存在违法行为的域名进行处置。

第四十一条 域名根服务器运行机构、域名注册管理机构和域名注册服务机构应当遵守国家相关法律、法规和技术规范、标准,落实网络与信息安全保障措施,配置必要的网络通信应急设备,制定网络通信保障应急预案,建立健全网络与信息安全监测技术手段和应急制度。域名系统出现网络与信息安全事故时,应当及时向电信管理机构报告。

因国家安全和处置紧急事件的需要,域名根服务器运行机构、域名注册管理机构和域名注册服务机构应当服从电信管理机构的统一指挥与协调,遵守电信管理机构的管理要求。

第四十二条 已注册的域名出现下列情形之一的,域名注册服务机构应当予以注销,并通知域名持有者:

(一)域名持有者申请注销域名的;

(二)域名持有者提交虚假域名注册信息的;

(三)依据人民法院、仲裁机构或域名争议解决机构作出的裁判,应当注销的;

(四)国家有关部门依法作出域名注销决定的;

(五)法律、行政法规规定予以注销的其他情形。

第四章　监督检查

第四十三条 电信管理机构应当加强对域名服务进行监督检查。域名根服务器运行机构、域名注册管理机构、域名注册服务机构应当接受、配合电信管理机构的监督检查。

工业和信息化部鼓励开展域名服务行业自律活动,鼓励公众监督域名服务。

第四十四条 域名根服务器运行机构、域名注册管理机构、域名注册服务机构应当按照电信管理机构的要求,定期报送业务开展情况、安全运行情况、投诉和争议处理情况等信息。

第四十五条 电信管理机构实施监督检查时,应当对域名根服务器运行机构、域名注册管理机构和域名注册服务机构报送的材料进行全面审核,并对其经营主体、经营行为和服务质量、网络与信息安全、执行国家和电信管理机构有关规定的情况等进行检查。

162

电信管理机构可以委托专业机构开展有关监督检查活动。

第四十六条　电信管理机构应当建立域名根服务器运行机构、域名注册管理机构和域名注册服务机构的信用记录制度,将其违反本办法并受到行政处罚的行为记入信用档案。

第四十七条　电信管理机构开展监督检查,不得妨碍域名根服务器运行机构、域名注册管理机构和域名注册服务机构正常的经营和服务活动,不得收取任何费用,不得泄露所知悉的域名注册信息。

第五章　罚　则

第四十八条　违反本办法第九条规定,未经许可擅自设立域名根服务器及域名根服务器运行机构、域名注册管理机构、域名注册服务机构的,电信管理机构应当根据《中华人民共和国行政许可法》第八十一条的规定,采取措施予以制止,并视情节轻重,予以警告或者处一万元以上三万元以下罚款。

第四十九条　违反本办法规定,域名注册管理机构或者域名注册服务机构有下列行为之一的,由电信管理机构依据职权责令限期改正,并视情节轻重,处一万元以上三万元以下罚款,向社会公告:

(一)为未经许可的域名注册管理机构提供域名注册服务,或者通过未经许可的域名注册服务机构开展域名注册服务的;

(二)未按照许可的域名注册服务项目提供服务的;

(三)为他人注册、使用含有违法内容的域名提供服务的;

(四)未对域名注册信息的真实性、完整性进行核验的;

(五)无正当理由阻止域名持有者变更域名注册服务机构的;

第五十条　违反本办法规定,提供域名解析服务,有下列行为之一的,由电信管理机构责令限期改正,可以视情节轻重并处一万元以上三万元以下的罚款,向社会公告:

(一)擅自篡改域名解析信息或者将域名解析指向他人 IP 地址的;

(二)为违法网络信息服务提供域名跳转的;

(三)未落实网络与信息安全保障措施的;

(四)未记录并留存域名解析维护日志和变更记录的;

(五)未按要求对存在违法行为的域名进行处置的。

第五十一条　违反本办法第十七条、第十八条第一款、第二十一条、第二十二条、第二十九条、第三十一条、第三十二条、第三十五条第一款、第三十七条第二款、第四十一条规定的,由电信管理机构依据职权责令限期改正,可以并处一万元以上三万元以下罚款,向社会公告。

第五十二条 任何组织或个人违反本办法第二十八条规定注册、使用域名,构成犯罪的,依法追究刑事责任;尚不构成犯罪的,由国家有关机关依法予以处罚。

第六章　附　则

第五十三条 本办法下列用语的含义是:

(一)域名:指互联网上识别和定位计算机的层次结构式的字符标识,与该计算机的互联网协议(IP)地址相对应。

(二)中文域名:指含有中文文字的域名。

(三)顶级域名:指域名体系中根节点下的第一级域的名称。

(四)域名根服务器:是指承担域名体系中根节点功能的服务器(含镜像服务器)。

(五)域名根服务器运行机构:指依法获得许可并承担域名根服务器运行、维护和管理工作的机构。

(六)域名注册管理机构:指依法获得许可并承担顶级域名运行和管理工作的机构。

(七)域名注册服务机构:指依法获得许可并受理域名注册申请并完成域名在顶级域名数据库中注册的机构。

(八)域名注册代理机构:指受域名注册服务机构的委托,受理域名注册申请,间接完成域名在顶级域名数据库中注册的机构。

(九)顶级域名管理系统:指域名注册管理机构在境内开展顶级域名运行和管理所需的主要信息系统,包括注册管理系统、注册数据库、域名解析系统、域名信息查询系统、身份信息核验系统等。

(十)域名跳转:指对某一域名的访问跳转至该域名绑定或指向的其他域名、IP地址或者网络信息服务等。

第五十四条 本办法中规定的日期,除明确为工作日的以外,均为自然日。

第五十五条 在本办法施行前未取得相应许可开展域名服务的,应当自本办法施行之日起六个月内,按照本办法规定办理许可手续。

在本办法施行前已取得许可的域名根服务器运行机构、域名注册管理机构和域名注册服务机构,其许可有效期适用本办法第十六条的规定,有效期自本办法施行之日起计算。

第五十六条 本办法自　　年　月　日起施行。2004年11月5日公布的《中国互联网络域名管理办法》(原信息产业部令第30号)同时废止。

参考文献

[1] 姚待林.信息网络传播权侵权认定及保护[D].长春:吉林大学,2015.

[2] 赵艺萌.试论网络环境下的商标侵权[D].北京:中国政法大学,2010.

[3] 郑小莉.论网络交易平台提供商的商标侵权责任[D].广州:华南理工大学,2013.

[4] 骆海韵.域名的法律问题研究[D].上海:华东政法大学,2013.

[5] 韩晓平.电子商务法律法规[M].北京:机械工业出版社,2015.

[6] 张楚.电子商务法[M].4版.北京:北京人民大学出版社,2016.

[7] 杨坚争.电子商务法教程[M].3版.北京:高等教育出版社,2016.

[8] 吴光伟.网络与电子商务法[M].北京:清华大学出版社,2012.

[9] 齐爱民,徐亮.电子商务法原理与实务[M].2版.武汉:武汉大学出版社,2009.

[10] 钟慧莹.电子商务法律法规[M].2版.北京:电子工业出版社,2016.

[11] 李双元,王海浪.电子商务法若干问题研究[M].2版.武汉:武汉大学出版社,2016.

[12] 李国旗.电子商务法实务研究[M].杭州:浙江大学出版社,2015.